历史建筑的再生空间

Regeneration Space of Historical Architecture

王怀宇 著

山西出版集团
山西人民出版社

图书在版编目（CIP）数据

历史建筑的再生空间／王怀宇著．—太原：山西人民出版社，2011.1
ISBN 978-7-203-06963-8

Ⅰ.①历… Ⅱ.①王… Ⅲ.①民居—古建筑—改造—研究—山西省 Ⅳ.①TU746.3

中国版本图书馆CIP数据核字（2010）第182251号

历史建筑的再生空间

著　　者：	王怀宇
责任编辑：	李　颖
装帧设计：	李　沿　李泉林
出 版 者：	山西出版集团·山西人民出版社
地　　址：	太原市建设南路21号
邮　　编：	030012
发行营销：	0351-4922220　4955996　4956039
	0351-4922127（传真）　4956038（邮购）
E - mail：	sxskcb@163.com　发行部
	sxskcb@126.com　总编室
网　　址：	www.sxskcb.com
经 销 者：	山西出版集团·山西人民出版社
承 印 者：	山西臣功印刷包装有限公司
开　　本：	889mm×1194mm　1/16
印　　张：	13.5
字　　数：	350千字
印　　数：	1—2000册
版　　次：	2011年1月　第1版
印　　次：	2011年1月　第1次印刷
书　　号：	ISBN 978-7-203-06963-8
定　　价：	180.00元

如有印装质量问题请与本社联系调换

目录

1	3	7	92	97	116	121
序	前言 历史建筑的再生空间	云锦成	平遥民居保护与改造的审美观	麒麟阁	历史民居建筑改造中的色彩设计	王公馆

164	169	208
历史建筑的再生	崇宁堡	参考文献

序

  当代艺术是一个开放的领域，艺术和设计的内涵也是不断丰富和拓展的。随着我国现代化进程的加快，历史建筑的存留与城市化进程的矛盾日益凸显出来。艺术与艺术设计在人类文明的进程中起着不可或缺的作用，王怀宇作为我院城市工作室教师，做了不少艺术设计的实验项目。我常与朋友聊及怀宇放弃油画而改做设计的事，大家都觉得有些惋惜。因为怀宇的绘画基本功很扎实，油画画得很好，曾是我院一位出色的油画老师。但是他有他的主意，有他的追求，所以没有接纳别人的劝阻，毅然决定去中央美术学院进修，考入设计系研究生课程班，学习建筑与环境艺术设计，这也成了他艺术生涯的重要转折点。之后，常常能听到他的设计作品获奖的消息，也引起了大家的关注。用他的话说："设计与艺术的边界已逐渐消失，设计的过程实际也是艺术创造的过程。"从规划到建筑景观再到室内，他把艺术的创造融入了其中。怀宇是在历史古城平遥长大的，从小对传统建筑艺术耳濡目染，对家乡的一砖一瓦、一草一木有着深入的理解和深切的眷恋，这在他的"云锦成"、"麒麟阁"等一系列作品当中有着明显的体现痕迹。他的作品让我们仿佛触摸到传统建筑艺术本真的灵魂和生命，是历史与现实、传统与当代、物质与精神的对话，是理解、优化、选择、创新的勇气和能力。这种既有鲜明地域文化特色又充满时尚表现语言的设计风格，得到社会的赞赏和业内的肯定，使他在中国室内设计界脱颖而出。山西是中华民族的发祥地之一，历史悠久，文化积淀深厚，以其得天独厚的自然和人文环境，形成了众多地域特征浓厚的传统城乡聚落，体现着独特的传统文化特质和深厚的人文内涵，堪称中国的文化瑰宝。时至今日，在举国城市化浪潮中，保护传统建筑，维持其地域特色，满足其功能需求，已逐渐成为设计界及社会各界普遍关注的问题。而怀宇惊其瑞丽，叹其困厄，以一个设计师独特的审美角度和使命感，率先在此领域乐此不疲地探索，保护和再利用了一批行将损毁的历史建筑，形成了独有的设计风格，为保护文化遗产做出了贡献，为设计界同道做出了表率。不敢断言，怀宇的设计方法和艺术风格是最佳的和普遍适用的，但它对传统建筑的保护和利用、对环境艺术设计的发展和进步是具有积极意义的。

高兴玺

2010年9月

前言

历史建筑的再生空间

历史告诉人们，城市的积淀与资本的积累是同时形成并完善的。历史建筑是城市历史和文化的载体，它们延续了城市的文脉，是城市发展的历史见证，而且蕴涵着丰富的传统文化和地域文化，有些还结合了外来文化，因此，历史建筑的形式、色彩等方面具有丰富的历史、科学、艺术、文化、审美、情感等价值。通过对它们的研究，可以史为鉴，反思现代城市建筑风貌中的不足，协调新老建筑之间的关系，从而形成良好的城市历史风貌。

所谓"历史建筑的再生空间"，是指在社会发展中，随着人们生产生活的需求，对历史建筑空间的改造。历史建筑的再生并不仅是一种对于文化的讨论，同时也反映着环境人文再造的重要命题。任何城市空间不论过去、现在或未来，它一直是变化的；而历史建筑又会遗留沧桑的痕迹。因此，我们必须让发展的城市与历史建筑进行有意义的对话，这种对话是空间性的、时间性的，当然也是地方生活文化与记忆认同的对话。

历史建筑是历史文化遗产的重要组成部分，同时也是城市不可缺失的文化资源。每座城市都有属于它独特的历史建筑，这是城市精神的表现，有的历史建筑甚至成为了城市的标志，向后人述说着城市的发展演变。所以，保护历史建筑等同于保护文物。历史建筑与文物艺术品一样，它同样具有很高的历史价值、艺术价值和经济价值，优秀历史建筑体现了城市和社会在不同发展阶段的理想、信仰、制度、技术、伦理和价值观。在现代都市中，各具特色的历史建筑，耐人寻味、富有魅力，体现出城市的历史性与时代性。

历史建筑是城市文化底蕴的集中体现。这些曾延续一段时期的历史建筑，无论是建筑本身或其内部所包括的生活方式，均记录着在社会变迁下的生活价值与物用功能，也因此这些空间对于人类来说也蕴含着一份特殊的情感与过往生活的记忆。

在人类社会的历史发展过程中，由于连年战争、自然灾害、历史变迁，很多有历史价值的建筑和历史区域大面积被破坏，只能从历史记载中查考，至今只留下一些局部片断散布在城市中。虽然残留的历史建筑及其存在环境遭到了破坏，但是它仍然是人们了解历史和体验历史的"标本"。由于全球经济的发展，导致城市的高密度开发；而历史建筑对城市肌理、天际轮廓线和空间密度都可以起到调节作用，甚至构成区域的中心和标志，而且还可以丰富城市景观，展现城市魅力。人们在强调历史建筑保护的同时，开始研究其合理利用问题，通过功能置换等方式使历史建筑恢复生机，延续其生命力。

历史建筑的再生，一直是跨越文化艺术与城市风貌政策的重要议题。多年来，历史建筑保护的实践，各国出现了形形色色的历史建筑保护和修复理论，历史建筑的再生也成为一个专门的学科。

现在，许多城市都在大片大片地拆除历史建筑，城市在向现代化迈进。但是不是高楼林立、道路纵横就是城市现代化的唯一模式。每个城市都有自己的发展史，如果一个城市的文脉及其历史连续性遭到破坏，也就失去了城市个性与历史的厚重感。相当一部分历史建筑仍还具有一定的社会价值、文化价值、经济价值、生态价值。其中某些历史建筑可以经过改造再利用，成为区域性标志建筑。历史建筑的保护与更新和在传统建筑环境中添加新的建筑，这对于设计师来说是一个富有挑战性的命题，因为这项工作不仅意味着要探究历史，而且要在历史环境中注入新的生命，两者的"协调"是设计的基础，双方的"共生"才是设计的本质。目前，在中国许多城市环境中一大批尚有保留价值但又不是文物遗产的历史建筑，正在或将要面临被无情地拆除。建筑是有生命的，历史建筑可以在现代的演绎下继续生存。

城市历史建筑作为一项保护对象，是一个城市重要的人文资源和建设发展动力。对历史建筑的妥善保护与科学更新，不仅有助于散发其本身的文化魅力，更能在盘活房产、旅游观光等市场层面上带来经济收益。对于在某一区域有一定的标志性的历史建筑，采取整体保护、局部改造或室内更新，使其适于新的功能需求。对于有利用价值的旧建筑，在不破坏城市文脉和环境肌理的条件下，进行改造更新，可以有效地完善城市服务功能，增强城市发展历史的厚重感，体现可持续发展思想，从物质到精神双双造福于市民大众。国外学者提出了历史建筑"再循环"，就是使历史建筑复活、再生、继续生长的过程。

近年来，建筑学界和政府部门一直在对城市旧城改造的理论与方法进行研究。特别是20世纪90年代以来，随着城市建设的不断推进，学术界和政府部门逐步在实践中积累对已有历史建筑改造的经验。例如上海新天地石库门民居改造，上海田字坊里弄民居改造，上海八号桥，北京798兵工厂改造，广东中山歧江公园，杨树浦传统工业区，苏州河的SOHU区，多伦路、泰康路的文化艺术街，衡山路老洋房，外滩华贵的殖民地时期建筑等等。纵览其间可以看到，对历史建筑的再生进行具有借鉴意义的成果已有很多，历史性的建筑或街区正被赋予新的功能，不断地运转。历史建筑的时空连续性让我们进入关于时间与空间的探讨。历史建筑的再生，其实是一次在空间与形式、建筑形象与环境艺术在设计上的尝试，是对多元品质(观念、生活、技艺、审美等)和多层面知识(建筑、环境、社会、经济、文化、历史等)的一次检验。

历史建筑既是地域内的一种文化符号，又可展现城市的历史风貌。城市历史风貌的延续和城市魅力的形成，很大程度上来自于历史建筑所形成的城市构架和基调，使城市在空间上具有明显的地域性。历史建筑的再生，需要注意以下几个方面：

1.同时要考虑建筑与自身历史文化背景的关联性，尽可能满足实际使用功能这一前提条件。

2.合理地使用现代技术与材料，展现建筑的历史个性，让历史建筑更好地发挥自身的用途。

3.必须考虑其定位，不仅仅是简单地对历史建筑的修缮，而是要运用建筑美学理论的分析与研究，让改造和重生后的历史建筑与周边环境互相衬托。

因此，我们对城市历史性建筑的改造，必须慎重分析文化与发展、功用与需求的关系，尊重历史，把握未来，让建筑为城市发展服务，为丰富城市的内涵增辉。

云锦成

云锦成

设计 / 王怀宇

从民居到客栈

平遥云锦成建于清中晚期,属传统四合院前店后院的民居建筑。重新开发定位为五星级标准的民俗客栈,以晋商文化为根基,重塑晋商宅院的雍容内敛、沉穆雄浑的气派。

从民居到客栈,实际是一种功能的置换,功能的改变带来的是形式的改变。要遵循传统和本土的文化特征,因此,对从民居到客栈的再生改造过程提出了两个要求:一是建筑群落的历史修复,二是室内功能划分和装饰设计,在此意义上展开的设计活动实际上是对历史文化再生的探索。

酒店大厅的形象墙、服务台、酒柜、吧台、卫生间等室内元素这都是在民居生活中找不到的,如何将这些室内元素融入传统的建筑空间是设计的关键。

云锦成客栈入口

云锦成民居院落

云锦成西餐厅

平遥古称陶，传说帝尧初封于此，是一座具有2700多年历史的古城。这里有我国现存最完整的明清城墙、街道、民居、店铺等建筑。古城内现存各类民居建筑3797处，在平遥有将近100家民俗宾馆。它们基本保持着明清老院子的建筑风格，多为昔日明清晋商的豪门老宅，经整建复修而成民俗宾馆。这些民俗宾馆虽然都地处繁华的明清街，却是庭院深深，雅致幽静。平遥云锦成客栈即是一例。

近年来，历史民居的保护与开发越来越为设计界所关注。我国有很多传统民居建筑；比如平遥古

平遥古城街巷

平遥古城街巷

平遥民居

平遥民居

平遥民居

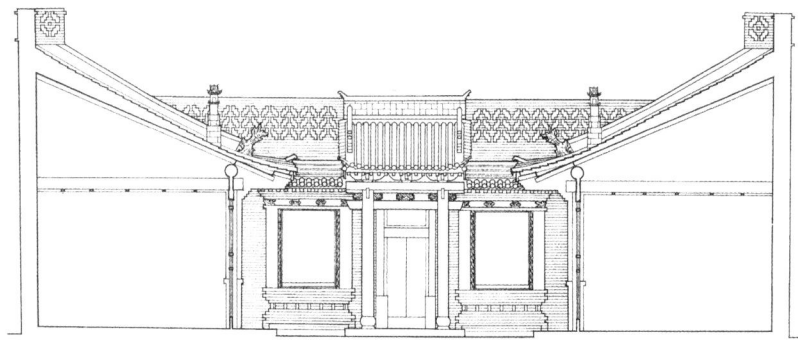

平遥南街8号一进院横剖面

城、京城四合院和丽江古城等。随着社会的发展和人们生活水平的提高，大量传统民居已不能满足人们生活水平的需求，有的已被废弃，有的还在残破地使用，然而城市的发展决不能是大拆大建地发展。历史民居建筑的改造和再利用，从文化保护的角度出发，应当从两个方面理解。（一）维修维护历史民居建筑原真痕迹。也就是说在维修和维护历史民居的过程中，要尊重民居建筑的历史风貌，在技术和材料上要保持古法营造。（二）针对民居建筑新的使用功能作出新的空间整合。纵观国内外那些对传统民居保护得非常成功的实例我们可以看出，对传统民居采用的保护方法就是经过适当的维修与改造，并通过功能置换让它们具有或适应新的城市使用功能。其实质就是挖掘、拓宽传统民居在新时代的新功能和新价值，通过适度的功能置换实现对传统民居的"再利用"。在一系列的城市传统民居的"再利用"活动中，又衍生了很多民居改造项目的设计问题。

平遥民居

平遥民居

延续城镇古建筑文脉

20世纪90年代中后期，中国城市建设掀起旧城改造热潮，一大批历史街区和古建筑被夷为平地；进入21世纪，历史古城的保护和开发被提上各城镇建设规划的最重要日程，留住城市的历史文脉渐成共识。一时间，重建的古建筑、新建的特色街如雨后春笋般涌现。有些地方甚至把残存的历史建筑拆平，再按原样"克隆"重建。这些建设者们如此理解历史文化名城的保护与开发，令设计师甚是担忧。历史遗存本身就是文化，保护古建筑不是臆造历史，而应整旧如故，以存其真，以实现保护历史、延续历史的目的。现在，很多开发商主张建筑外立面古色古香，内部很现代化，而一些政府监管部门也认为只要把古建筑留住，开发商怎么做就不管了，导致建筑内外不统一，外边虽是老建筑，室内却没文化。

作为一名设计师，作为中国传统建筑文化的守望者，古建筑保护如何让历史民居焕发新的活力是旧空间再利用的一个重要课题。云锦成就是一个民居建筑更新的课题。但在平遥古城进行这样的尝试，仍然需要极大的勇气和智慧，因为在百年辉煌的传统建筑面前，很容易让设计师相形见绌。在这一问题上，度的把握非常重要。

历史民居更新的原真性

历史民居从它的外部来观察是建筑群和它的组合，它们构成了城镇景观的主体。城镇中的建筑物是各种城镇物质要素的主体，由于其数量大、类型多的特征，所以城镇建筑环境对人们的视觉识别刺激性最为强烈，是城镇文脉形象的具体表现，特有的地域环境造就了不同城镇的地方建筑特征。富有地方特色美的建筑群是构成具有美感的城镇景观的重要组成部分。由于自然条件、经济技术、社会文化、生活习俗的不同，各个城镇的建筑群都有一些特有的符号和排列方式，因而形成这个城镇所特有的地域文化和建筑式样，也就形成了其独有的城镇文脉形象。所以，我们不仅可以通过考察建筑群的特色来探寻城镇的特色，也可以通过体现地方特色的建筑群来塑造和强化城镇的特色。

云锦成的历史民居建筑的维修和改造同样要遵循原真性原则。在空间改造时要体现对文化遗产保护的观念。原真性（Authenticity）是验证文化遗产的一条重要原则。原真性也译作真实性、可靠性、确实性。其字面意思是原始的、原创的、非拷贝的等。也就是所指的"信息源的可信性与真实性"。

平遥民居

平遥晋商院落

平遥古城作为世界文化遗产，是以其完整的明清城镇历史风貌而著称的。明清城墙、街巷布局、市井民居都是平遥古城不可或缺的组成部分。这些历史民居承载着平遥古城的历史与记忆。

平遥在历史上就以其商帮著称，平遥的票号、钱庄、镖局曾经是历史上富甲一方的商号。

这些商贾为我们今天的平遥留下了许多保护得较为完善的院落。

平遥的街巷

平遥民居院落

院落的作用

平遥四合院宅基多为长方形，规模不一，面宽与进深因宅而异。一般外墙高大，且对外不开窗，外观封闭。内院平面长宽的比多为2:1,而且由外院到内院，院落的宽度不断变窄，比例更显狭长。形成这种院落比例关系的原因主要是受到了自然因素的影响。晋中地区属于黄土高原，风沙较大，为了避免正房被风沙直接吹拂，两厢向院内靠近，部分遮挡正房；另外当地人多耕地少，这样可以在很大的程度上节约土地。由于山西的植物生长期短，院内一般用方砖满铺地面而较少种植花木，这样一方面使贼人不易攀入院内，增强了安全性；另一方面不遮挡狭窄的院落内有限的光线。

院内不仅仅满足了各个房间的采光通风需要，同时也扮演了多职能的角色。院落容纳了日常生活的各项内容：家务劳作、会客待友、休息聊天、日常起居、敬神烧纸等。在空间划分上，院落是内与外的中介空间，它区别于无限制的院外空间和完全封闭的宅内空间，既封闭又开敞，成为四合院十分独特的组成部分。院落给人强烈的领域感，同时又与天地接合，使自然环境成为院落的构成元素。人们在院落中感受细雨轻风，聆听燕语莺声，在"家"的轻松气氛中体会自然的无限爱意。

院落的类型

平遥四合院横向联合或纵向扩展形成了多样的组合形式，归结起来一般分为串联型、并联型和混合型三种类型。

串联型 串联型就是院落沿轴线纵向联合，以垂花门或过厅串联起几进院落，这一类型的四合院层层递进，造成一种"庭院深深几许"的空间效果。

并联型 通过四合院的横向联合，便形成多轴线的建筑群体。并联型四合院各院落往往不是并列放置在一起的，而是根据院落尺度、比例及围合院落的建筑物形体差异形成某种对比，暗示院落间的主从关系。

混合型 多出现于大型宅院，群体组合中既有院落的串联，又有院落的并联，空间层次较为丰富。这种形式的合院群一般为富贾家宅所有。

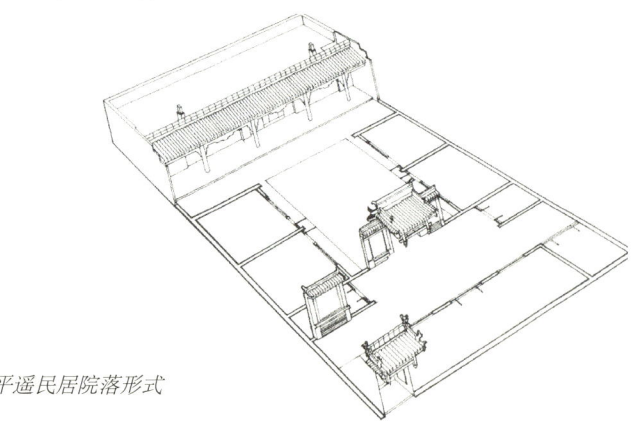
平遥民居院落形式

云锦成民居

云锦成民居院落

云锦成民居院落

云锦成/院落

北云门面房属清末民初建筑，因而修建较高，梁架结构同样遭遇潮湿与虫蛀。有些大梁与立柱已不能作结构受力，必须更换。其他能保留的尽量保留做了维护。

门面立面基本风格遵循平遥街面明清文化的装饰特征。为配合现代功能的置入，大门的设计结合了现代的风门的功能，保证了大厅冬季的取暖，并在材料上将门更换为玻璃，获得了很好的通透感，将门厅内丰富的装饰效果展示出来。

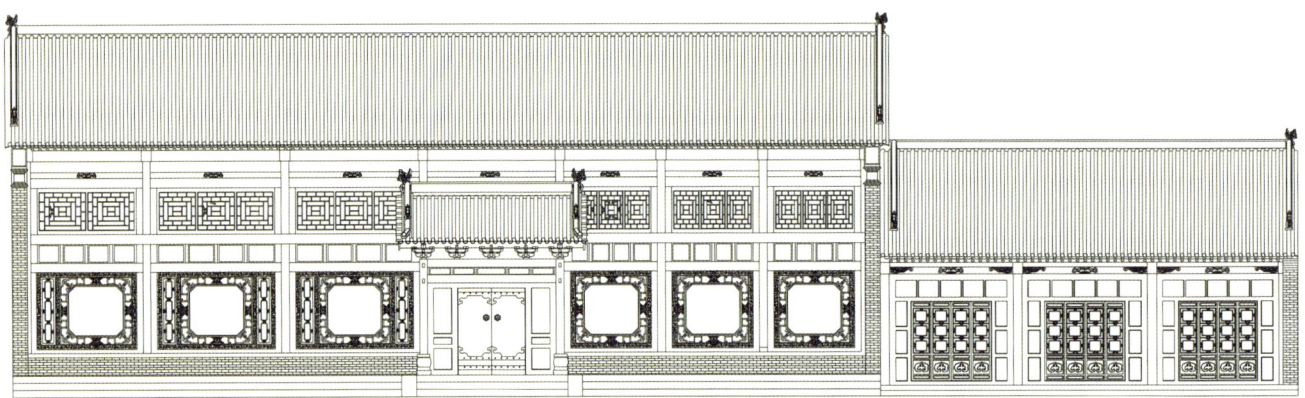

北云门面房立面图

北云门面房现状

北云门面房施工照

北云门面房原貌

17

云锦成民居院落

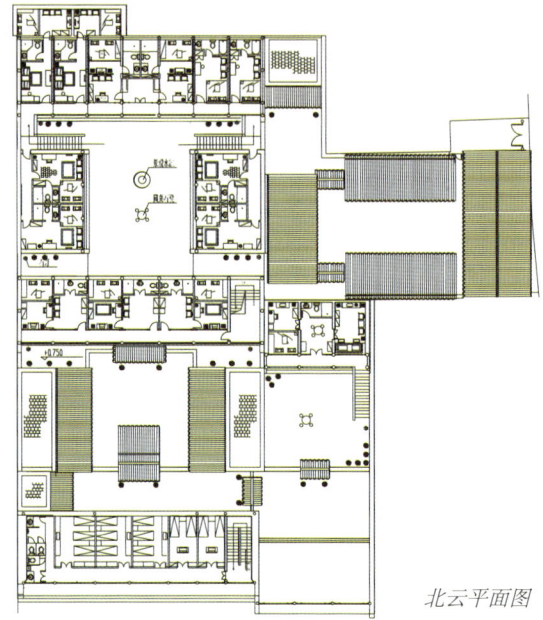
北云平面图

北云纵剖立面图

"庭"与"廷"

"庭"字出现较晚，最初与"廷"通假，《文源》曰："廷与庭古多通用。""廷"字无甲骨文，其金文的字形像一个人弯腰搬运土石，正在一所建筑物的基础部分前面劳动。《说文》曰："廷，朝中。"段玉裁注："古外朝、治朝、燕朝，皆不屋，在廷。"廷是群臣壬然而立的室外平地，即《尔雅》"中庭之左右谓之位"之意。"庭"字是在"廷"的基础上加了"广"。《说文》曰："广，因广为屋，象对敕高屋之形。"徐灏注："因广为屋，独言傍岩架屋，此上古初有宫室之为也。"

庭院是中国传统具有相同形式结构的源泉，从庭院类型中必然可以得出中国传统建筑的空间原型。类型学认为："某些类型是普遍的，某些是由文化限定的，另一些则是地区性的，而中国传统建筑类型无疑是由文化限定的。"文化通过对庭院形式的限定而产生庭院建筑类型。正像罗西所说："文化的一部分是编译进表现形式中，绝大部分编译进类型中。"类型学认为类型是一种生活方式与一种形式结合。对中国传统建筑而言，生活方式就是文化认同（观念），庭院即形式表达（空间），二者共同导致庭院类型的产生。综上所述，庭院作为空间原型与文化观念叠合而产生的建筑类型，这就是庭在中国传统建筑中的定位。

平遥历史民居的院落之中，也是理想"庭"院模式的现实写照。四水归"庭"，避风聚水，居住在这里的先民认为这是汇聚力量和财富的生活方式。

"庭"的理想模式

云锦成民居更新改造施工

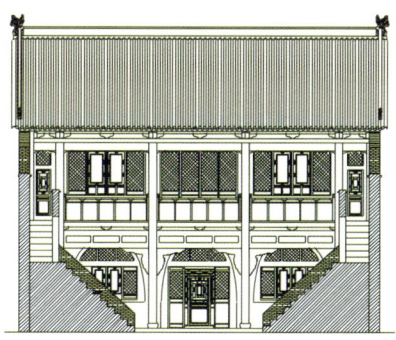

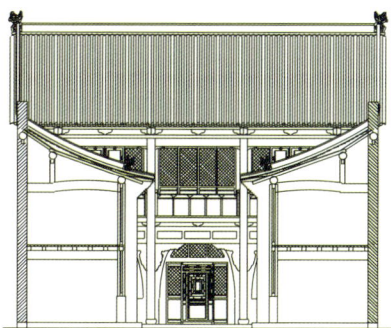

北云正房剖立面图　　云锦成民居更新改造施工

庭院深深

中国传统建筑的屋顶形式

云锦成民居更新改造施工

民居房屋构造

抬梁式是在立柱上架梁，梁上又抬梁，也称叠梁式，使用范围广，在宫殿、庙宇、寺院等大型建筑中普遍采用，更为皇家建筑群所选，是我国木构架建筑的代表特点。它是在柱顶或柱网上的水平铺作层上，沿房屋进深方向架数层叠架的梁，梁逐层缩短，层间垫短柱或木块，最上层梁中间立小柱或三角撑，形成三角形屋架。相邻屋架间，在各层梁的两端和最上层梁中间小柱上架檩，檩间架椽，构成双坡顶房屋的空间骨架。房屋的屋面重量通过椽、檩、梁、柱传到基础。

抬梁式构架至迟在春秋时已经有了。目前所见到的最早的图像是四川成都出土的东汉庭院画像砖。唐代时它已发展成熟，并出现了以山西五台佛光寺大殿和山西平顺天台庵正殿为代表的殿堂型和厅堂型两种类型营造法式，营造法式的大木作部分主要讲的是抬梁式构梁，明确提出较重要建筑的构架有殿堂型、厅堂型两个类型。

抬梁式构架所形成的结构体系，对中国古代木构建筑的发展起着决定性的作用，也为现代建筑的发展提供了可资借鉴的材料。

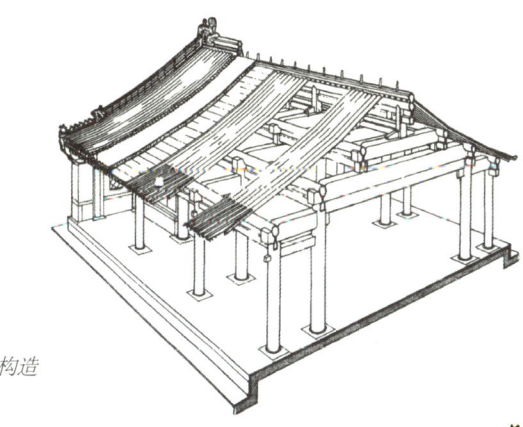

抬梁式构造

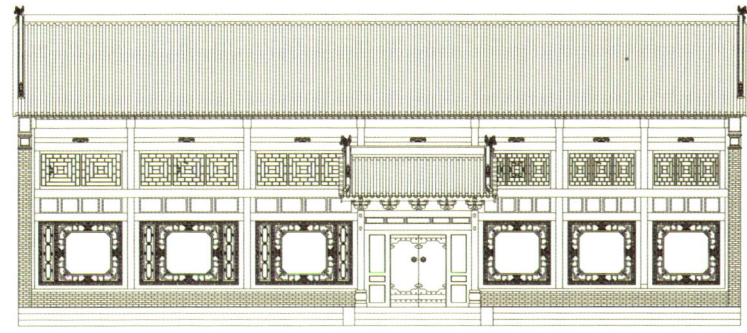

云锦成沿街立面图

多年弯曲变形的房屋横梁

云锦成垂花门

垂花门施工（一）

垂花门施工（二）

"泰昌"垂花门

垂花门，是平遥民居中一道很讲究的门，它是内宅与外宅(前院)的分界线和唯一通道。

垂花门是装饰性极强的建筑，它的各个突出部位几乎都有十分讲究的装饰。垂花门向外一侧的梁头常雕成云头形状，称为"麻叶梁头"，这种做出雕饰的梁头，在一般建筑物中是不多见的。在麻叶梁头之下，有一对倒悬的短柱，柱头向下，头部雕饰出莲瓣、串珠、花萼云或石榴头等形状，酷似一对含苞待放的花蕾，这对短柱称为"垂莲柱"，垂花门名称的由来大概就与这对特殊的垂柱有关。联络两垂柱的部件也有很美的雕饰，题材有"子孙万代"、"岁寒三友"、"玉棠富贵"、"福禄寿喜"等。这些雕刻寄予着房宅主人对美好生活的憧憬，也将这道颇具地位的内宅门面装点得格外富丽华贵。垂花门除了其装饰特点外，它的作用还在于能表现出宅主的财力、家世的繁衍、文化素养的高低，甚至还能看出宅主的爱好和性格。

凡垂花门都有两种功能，第一是要求有一定的防卫功能，为此，在向外一侧的两根柱间安装着第一道门，这道门比较厚重，与街门相仿佛，名叫"棋盘门"，或称"攒边门"，白天开启，供宅人通行，夜间关闭，有安全保卫作用。第二是起屏障作用，这是垂花门的主要功能。为了保证内宅的隐蔽性，在垂花门内侧的两个柱间再安装一道门，这道门称为"屏门"。除去家族中有重大仪式，如婚、丧、嫁、娶时，需要将屏门打开之外，其余时间屏门都是关闭的，人们进出二门时，不通过屏门，而是走屏门两侧的侧门或通过垂花门两侧的抄手游廊到达内院和各个房间。垂花门的这种功能，充分起到了既沟通内外宅、又严格地划分空间的特殊作用。

云锦成民居的垂花门同其他平遥民居的垂花门一样，有区分内宅、外宅的作用，同时也是主人财富的物化形象。匾额中"昌泰"二字，可以看出主人原是经商之人。"昌"有兴旺发达、繁荣昌盛之意；"泰"有安康兴旺之意。可以看出这是对事业、人生状态的期望。

正立面

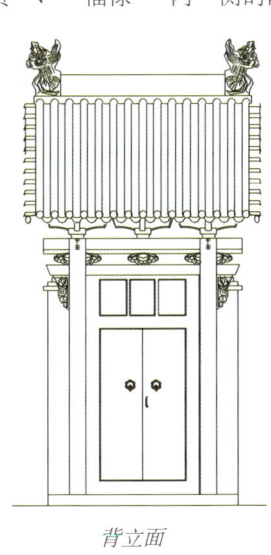
背立面

剖立面　　　　　侧立面

云锦成砖雕垂花门

砖雕

文化遗产与非物质文化遗产是一对双胞胎，他们相互存在、相互关联。物化的文化遗产必然有与之相关联的非物质文化遗产。世界文化遗产登陆地"平遥古城"有当地重要、独有的非物质文化遗产：推光漆、平遥牛肉、剪纸、花馍等。而与历史民居相对应的非文化遗产就有：沥粉贴金、建筑彩绘、大木作工艺、磨砖对缝等，其中砖雕是最有难度和文化意味的一种。

砖雕的一般工艺程序是：画、耕、钉窟窿、镞、齐口、捅道、磨、上"药"、打点。画，是用笔在砖上画出所雕刻的形象，一般先画轮廓，再画细部图样。耕，用最小的錾子沿画笔的笔迹轻刻一遍，以防笔迹在雕刻中被抹除。钉窟窿是用小錾子将形象以外的部分錾去，为下一步工序打下基础。镞，是将形象以外的多余部分镞去，镞出形象的立体轮廓。齐口，即用錾子沿花饰图案的侧面进一步细致剔凿。捅道，用錾子雕刻细部。磨，用磨头将图案内外粗糙之处磨平、磨细。上"药"，用药将残缺之处或砂眼找平。所谓药，即用六成白灰和三成砖灰面、少许青灰加水调匀。打点，用水将砖面图案揉擦干净。

另一种用抹灰方法对砖瓦外形进行塑造的工艺称作"软花活"。其制作手法有"堆活"和"镂活"。堆活即是用麻刀灰先堆出图案的粗糙轮廓，然后用纸筋灰按设计要求堆塑。镂活是先用麻刀灰打底，再薄涂一层青白灰，上刷烟子浆。等灰浆干后，用錾子和竹片按设计要求镂刻。

云锦成砖雕垂花门

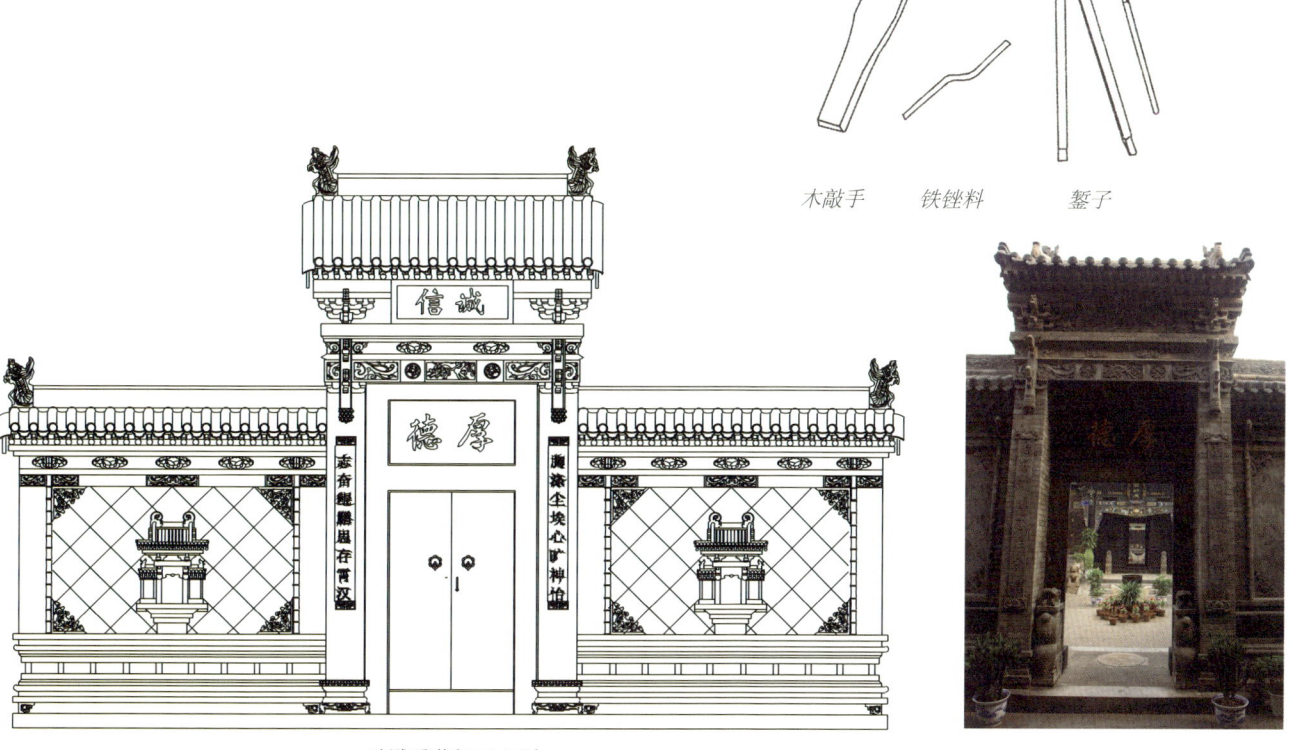

木敲手　　铁锉料　　錾子

砖雕垂花门正立面

云锦成西餐厅

云锦成/西餐厅

云锦成的酒店前厅实为两处五开间四合院的店面，各自独立成院。为了营造出一个共同的前厅且不破坏两处院落的对称格局，空间上的改造是必然的。首先打通了两院相邻的山墙，其次将二层储物间六间的楼板打通，将屋顶的雕刻建筑构件现于视觉。在二层空间上与两侧的层次感、空间关系成立后，室内装饰是一大课题。既要满足当代酒店的功能需求，又要和建筑风格及当地文化相协调，如果按复古路线，那么现代酒店很多的功能要求古代是没有的，形式与功能协调一致是设计的难点。

因此，在设计时确定了几条原则：1.保护原有历史构件，并尽量用传统构件作装饰。2.合理布局功能，保持大厅对称性格局。3.实现雍容内敛的晋商风格。4.有地方化的时代特征。5.国际化的服务设施功能。

"汇通天下"的山西票号

票号是清代山西商人资本中的货币经营资本形式。票号又叫票庄或汇兑庄，是一种专门经营汇兑业务的金融机构。相传平遥县"西玉成"颜料店北京分庄经常为在北京的山西同乡办北京与平遥之间的现金兑拨。这种异地兑拨，开始只限于在亲朋好友之间进行，后来需求越来越多。日后雷履泰设"日升昌"，专门经营汇兑业务，这就是中国历史上的第一家票号。由于这种汇兑手续简单，所以不仅有商人汇款，还有政府及官员来托办汇兑事宜。随着资本的增加，通汇地点越来越大，利润也越来越多；山西商人纷纷投资票号，从而形成了山西票号。鸦片战争以后，日升昌、蔚丰厚、日新中三家山西票号在各地设立的分支机构就有35处，分布在全国23个城市。为了承揽清政府对外活动款项汇兑等国际业务，票号商人在国外设立分支机构，祁县合盛元票号于1907年在日本开设分支机构。因此，有了晋商"汇通天下"的美誉。

西餐厅整体立面图

客栈前厅前台区线框效果图

一方水土，一方建筑

民族的就是世界的，中国风目前变成一种流行，这样也是不正常的。就像这些年流行欧式风潮，大量的罗马柱与白色装饰充斥了建筑内外，结果流行过后又变为垃圾。中国风的设计本质并不兼内涵的设计，设计主流的概念本身不应导向到设计本质上来。要多关注中国风水学，多关注中国传统空间与欧式传统空间的比较学，多关注乡土建筑，并关注民族文化的不同和地理差异性导致的装饰语汇的不同。传统空间形态是为古人所用的，我们当代设计应取其内涵而弃其形式，并在语汇上以现代的审美艺术来展开新的设计。

客栈前厅前台区原貌

以斗拱和建筑彩绘为创作题材的吧台及吧台背景墙

斗拱

斗拱是我国建筑特有的一种结构。在立柱和横梁交接处，从柱顶上加的一层层探出成弓形的承重结构叫拱；拱与拱之间垫的方形木块叫斗，合称斗拱，也作枓拱、枓栱。

斗拱的产生和发展有着非常悠久的历史。从2000多年前战国时代采桑猎壶上的建筑花纹图案，以及汉代保存下来的墓阙、壁画上，都可以看到早期斗拱的形象。中国古典建筑最富有装饰性的特征往往被皇帝攫为己有，斗拱在唐代发展成熟后便规定民间不得使用。斗拱是中国古代建筑上特有的构件，是由方形的斗、升、拱、翘、昂组成。斗拱是中华古代建筑中特有的形制，是较大建筑物的柱与屋顶间之过渡部分。其功用在于承受上部支出的屋檐，将其重量或直接集中到柱上，或间接先纳至额枋上再转到柱上。一般地，凡是非常重要或带纪念性的建筑物，才有斗拱的安置。斗拱使人产生一种神秘莫测的感觉。在美学和结构上它也拥有一种独特的风格。无论从艺术或技术的角度来看，斗拱都足以象征和代表中华古典的建筑精神和气质。斗拱中间伸出部分叫做耍头，雕一个立双式的青色龙头。其两旁的垫拱板雕着半立体火焰珠一粒，象征吉祥如意。

宋《营造法式》中称斗拱为铺作，清工部《工程做法》中称斗科，通称为斗拱。斗是斗形木垫块，拱是弓形的短木。拱架在斗上，向外挑出，拱端之上再安斗，这样逐层纵横交错叠加，形成上大下小的托架。斗拱最初孤立地置于柱上或挑梁外端，分别起传递梁的荷载于柱身和支撑屋檐重量以增加出檐深度的作用。唐宋时，它同梁、枋结合为一体，除上述功能外，还成为保持木构架整体性的结构层的一部分。明清以后，斗拱的结构作用蜕化，成了在柱网和屋顶构架间起装饰作用的构件。

斗拱的种类很多，形制复杂。按使用部位分，它可以分为内檐斗拱、外檐斗拱、平座斗拱。

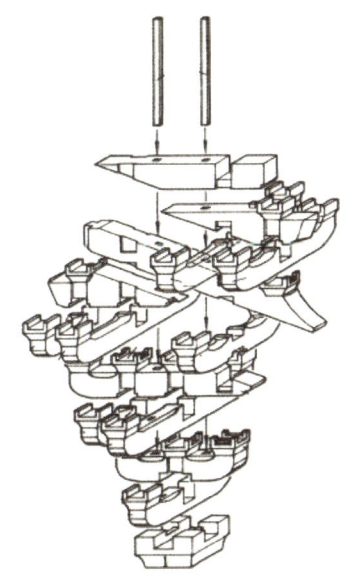

斗拱结构示意图

云锦成西餐厅

沥粉贴金

云锦成民俗酒店的匾额、楹联基本是由平遥传统推光漆工艺和沥粉贴金为主的制作工艺制作而成的。通过这样的细节，云锦成民俗酒店向世人传达平遥的传统美术工艺和传统文化。

沥粉贴金是我国传统壁画、彩雕以及建筑装饰常用的一种工艺手段。但古代这种手法多用于局部的点缀，如表现帝王将相的车饰、伞盖、朝服盔甲以及贵妇人的头饰。沥粉工艺盛唐时期被广泛采用，明代沥粉的运用已经达到了十分精美的地步。清代的古建筑继承了沥粉工艺，并充分运用到和玺彩画、旋子彩画、苏式彩画和一般的民居彩画中去。

沥粉制作先把画稿拷贝在画面上，然后根据线稿沥粉，等粉线干透后设色、贴金。一般沥粉画用色可单纯些、浓重些，因为金银在较重的底子上可产生最佳的装饰趣味。在这种工艺中，沥是指液体的点滴，粉是指用粉调制成液体，将其一滴一滴地滴落在物面上，有时用特制的工具把沥的点滴加长，形成一种有规律的、人为的线，这种方法术语称之为"沥粉"。沥粉的方法，用硝制过的猪膀胱套接一定口径的铜管，内装糊状胶铅粉，使用时压挤出粉线或粉点，在壁面上形成隆起的立体效果。线的粗细可随所用铜管口径的大小而变化。为了防止粉线断裂，可在胶粉内兑入少量豆浆或熟桐油，以及白面或豆面等物质。为了节约贴金，在挤粉时可将铜管口压紧在壁面上以减低沥粉的高度，俗称"爬粉"。待八九成干时再贴金箔。挤粉过干，金箔易于脱落；过湿，则金银不光亮。用金方法有泥金、贴金、扫金、拨金等数种。贴金，是用桐油将金箔直接贴在画上，或贴在用沥粉画成的半干的底子上。

客栈前厅匾额大样图

建筑构件，留驻文化

传统建筑中，有许多具有文物价值和艺术价值的构件、饰件，如室内空间的梁、木雕饰件、花罩等。这些构件、饰件记载着百年历史，积淀着古代艺术文化，铭刻着传统文明。精心保留这些构件、饰件非常重要。传统建筑的改建翻建，应特别注意保护那些保存尚好且具有艺术价值和观赏价值的构配件，一些构件若已无法用在建筑上，也可以考虑将其作为空间中的一个装饰来应用，以达到空间更好的古典意境。

西餐厅设计构思手稿

云锦成西餐厅

修旧如旧，岁月如痕

传统建筑内部空间新用，在整体空间设计的把握上应注重与原有风格相统一，把其作为一个整体来考虑。新设计的元素在风格和色彩以及彩绘的细节上都应与原来的设计元素相近，避免色彩过于跳跃，造成与原有空间格格不入。此外，对于原有建筑空间元素的翻新，也应遵循修旧如旧的原则，突出传统建筑的质朴和文化气息。

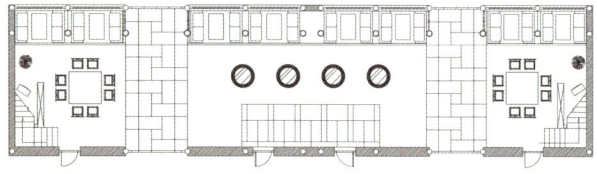

云锦成西餐厅平面布置图

客座区透视线稿

意境

中国艺术的最高境界是追求意境。诗歌求言外之意,音乐求弦外之音,绘画求象外之趣,其美学观是相通的,都要求虚中见实。建筑意境是诗意盎然的主客观交融,其奥妙在于"神与物游",即审美主体与建筑印象的契合交融。以有尽而寓无穷。建筑意象的丰富性、多义性带来意境的综合性。传统建筑的意境不仅靠意象的罗列,而是把最能引起遐思的因素摄取进来,围绕建筑主题进行剪裁,用有限的景象勾勒无限的情思。"天地入胸臆……物象由我裁。"

云锦成的意境正是通过室内设计创作而营造的。设计作为一种文化的构思活动,体现在室内空间的方方面面,以斗拱为创作题材的吧台及其背景墙、有丝织帷幔的卡座餐台、象征财富的地面金鱼池、避邪的石狮、砖雕影壁等等,所见之处都在为"云锦成"文化空间营造意境。

客座区

客座区旧貌

西餐厅吧台设计构思手稿

西餐厅吧台

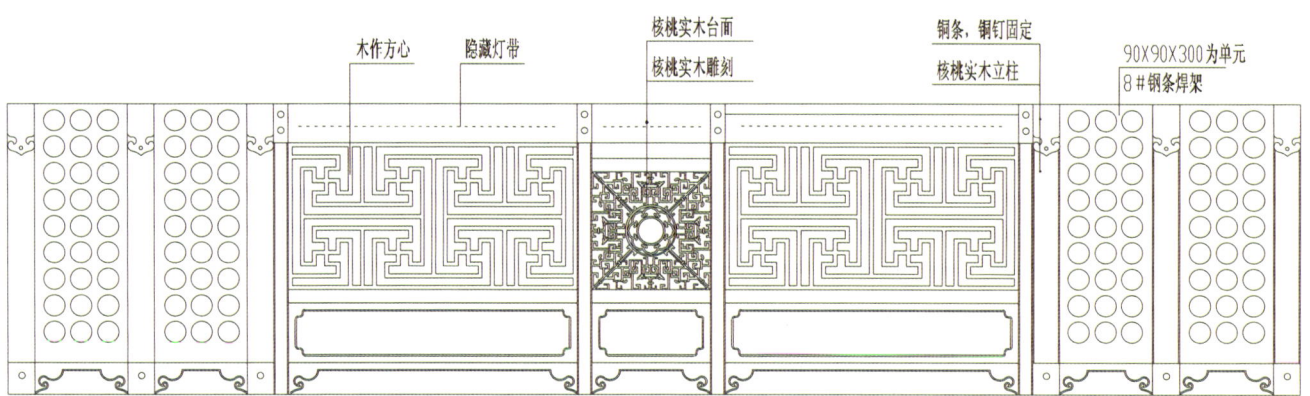
客栈前厅吧台大样图

吧台木雕大样图

清新淡雅，华而不奢

清新淡雅，华而不奢，是传统建筑内空间装饰、色彩设计应遵循的原则。平遥传统家具所特有的漆黑色和传统的室内灰砖填充了整个空间，就是这些材料和色彩，给空间造就质朴、清新之意韵。

云锦成西餐厅

客栈前厅照壁

客栈前厅照壁立面、剖面

照壁

照壁，是中国传统建筑特有的部分，明朝时特别流行。一般来讲，它是大门内的屏蔽物，古人称之为"萧墙"。也称"影壁"或"屏风墙"。

照壁具有挡风、遮蔽视线的作用，墙面若有装饰则造成对景效果。照壁可位于大门内，也可位于大门外，前者称为内照壁，后者称为外照壁。

墙身的中心区域称为照壁心，通常由45度角斜放的方砖贴砌而成。简单一点的照壁可能没有什么装饰，但也必须磨砖对缝非常整齐，豪华的照壁通常装饰有很多吉祥图样的砖雕。照壁墙上的砖雕主要有中心区域的中央和四角，在与屋顶相交的地方也有混枭和连珠。中心方砖上面一边雕刻有中心花、岔角，在照壁墙的中央还镶嵌有福寿字的砖匾或者是带有吉祥图案的砖雕。

平遥民居照壁（一）

平遥民居照壁（二）

37

云锦成/客房

平遥传统民居的正房、厢房一般为三开间或五开间，每间之间有隔墙。在云锦成历史民居的更新改造中，我将中间隔墙打掉变为软隔断，按照酒店客房标准进行了改造。卧区有的为床，有的做了炕。在装饰风格上运用了明清风格和新古典主义相结合的方法。

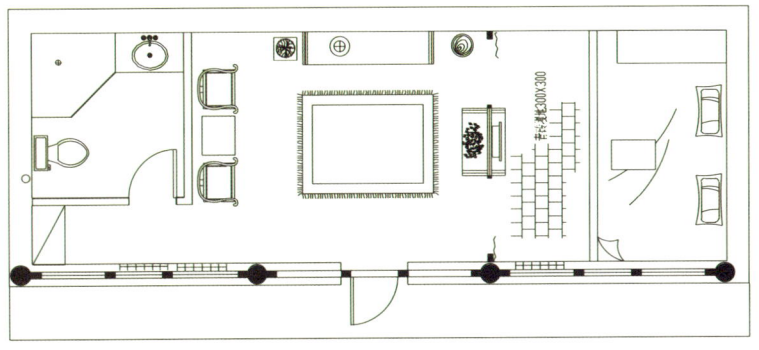

一层单间客房平面图

云锦成客房室内

云锦成民居旧貌

一层单间客房剖面图

云锦成民居旧貌

云锦成客房室内

一层单间客房立面图

《说文解字》中有"家，居也"，《释名》中有"宫，穹也，言屋见于垣上。室，实也，言人物实满于其中也"的论述。"宫"本来是由"穹"而来的，代表"穴"发展到了有屋顶的"宫"。"宫"字也曾使用过"庸"字的甲骨文字形，这种四屋围合一方形庭院的字形必是取像于宫室。王国维说："殷虚卜辞有字，像四屋相对中函一庭之形……古者先有宫室而后有城郭，必先有宫室之垣墉而后有取象于宫室也。……由此观之，则字所象可知，四栋之屋以前殆为宫室最古之制矣。"

从"礼仪图"中的士大夫住宅可以了解"宫室"或"家"的平面布局。作为"寝"的住宅平面就是这样：门内为庭，庭前为宁。建筑前后被分隔为两部分，前部称堂，后部为室；堂两侧分为东堂及西堂，东西堂后为夹，夹后有房；东房北向(外墙部分)无墙，谓之北堂，其实就是一道后门。

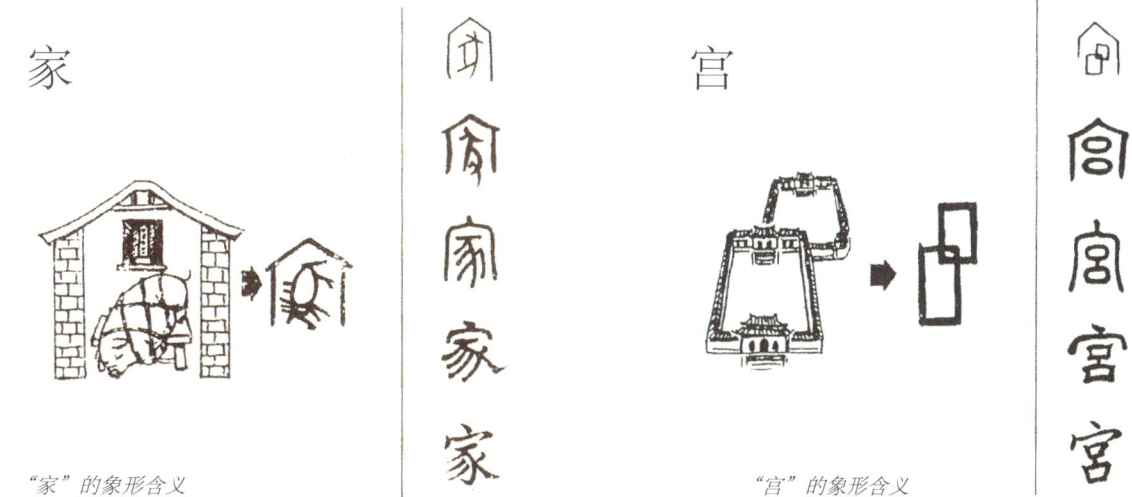

"家"的象形含义　　　　　　　"宫"的象形含义

云锦成客房中起分隔作用的"隔扇"

客房隔扇

隔扇

在云锦成历史民居的更新设计中，隔扇在很多需要分隔空间的地方都使用到了。设计中，巧妙地使用隔扇对空间进行区域的划分，同时也恰到好处地装饰了建筑内部空间。

隔扇，宋代称为格子门，至迟在唐末五代即开始应用了。因其透光并可摘卸的优点，故南风北渐，发展成为中国古代建筑中最常见的一种门的形式。在此之前，板门、直棂窗是最通用的式样。采用隔扇以后，不仅增加了室内采光面积，更重要的是对整体建筑外观产生影响。隔扇门扇的数量由开间的大小决定，每开间作四扇、六扇乃至八扇。隔扇是向内开的，遇到像婚丧嫁娶出入人多时，就可将隔扇摘下，把里外打通成一片。宋代格子门的体型矮而宽，而清代的隔扇已经是高而窄了，即是说愈近晚的隔扇比例愈高愈瘦。

隔扇由外框、隔心、裙板及绦环板这些基本构件组成。隔心是隔扇中最富于变化和引人入胜的部分。隔心棂花的种类繁多，不胜枚举，一般分为两大类：一类是用平直的棂条制作几何图案，另一类是以曲线为主的各种菱花和毯纹及其变种。唐、宋时隔心的图案以直棂为主，至明、清，隔扇进一步趋向工整和细致，所用花纹式样更加灵活多样。

棂条类隔心较为简易，常见的式样有步步锦、灯亮框、"卐"字、豆腐块、拐子锦、陶方、盘长、冰裂纹、海棠花等。复杂者其棂条还分粗细两套，棂条端部做出夔龙钩式装饰，称夔式。棂条之间尚加用许多结子、卡子等，有工字、卧蚕、方胜、蝙蝠、团云等。

绦环板做法大体有三种：一是平板，板面无凹凸变化；一种是板心起凸的；一种是板心起凸雕花的。绦环板的雕刻纹样多数为线条组成的纹样，图案简洁大方，但也有雕刻内容较复杂的。

裙板的厚度与做法和绦环板相同，雕刻纹样也要与绦环板协调一致。裙板的花纹，宋、辽、金都比较朴素，元代多雕简单的如意头；明、清裙板和绦环板的式样很多，其雕饰是随隔心繁简和精细程度而作不同的处理。官式建筑中，最考究的裙板上有龙凤等雕刻，民间则以飞禽走兽、花卉盆景为装饰主题，但很多用素面，仅在裙板的四周起线脚。

在没有玻璃前，为了透明和防尘，明、清早期常在隔心上树书皮造的棂纱纸或采用明瓦。所谓明瓦，一说是蚌壳，一说是云母。至清同治十一年以后，玻璃开始使用于隔扇，明瓦本身的透光性太差，因此当玻璃出现之后，就很快地取代了明瓦。

隔扇因为开合的关系，往往附有不少金属饰件。如一般在较大体量的隔扇上，边梃与抹头的交接处装有黄铜制作的面页，面页很薄，且常常有凹凸的花纹。面页上面不雕镂花纹者称作素叶，只用于明间。此外，菱花隔扇上的菱花帽有两种，一种是梅花形，一种是圆形，多为铜制鎏金或表面贴金。一大批鎏金饰物，与隔扇裙板和绦环板木雕的贴金一起，在红色油漆的衬托下，金光灿烂。尤其是有柱廊的殿堂，所有门窗都推在阴影中，饰物金光闪闪，极富装饰意味。

隔扇图稿

云锦成套房二层

云锦成套房二层旧貌

中国的木结构与西方的石结构是两种风格的材料体系，是"木头"与"石头"的史书。木材的质感特征带有泥土文化的质朴气息，出于传统审美，中国的木结构偏于对质感的真实表现，注重质感的深层次意蕴。木材具有轻巧、通透、线条感强的特点，与庭院对内开敞、空间中介模糊的特点不谋而合。

在云锦成历史民居的改造中用得最多的是木头和青砖，是最常规的建材。洁具等现代化饰品，以前是没有的，这些东西的恰当应用，可造成强烈的对比，效果是很好的。灯具是以前的宫灯造型，不需要追求一些很特殊的材料，要有协调性，内外建筑要有关系。外立面是明清建筑，内部是一些明清元素符号，不能完全做成老百姓要求的那种现代化。如地砖、颜色、纹理应该跟那时的文化很好地结合起来，还有吊顶、墙面，过去墙面是粉墙，现在是乳胶漆或壁纸，色调上与周围古色古香的建筑要有联系，如果是显眼的蓝或绿加进去，就感觉格格不入，形成不了整体性。

云锦成套房

云锦成套房1

二层的仓储空间被改造成了客房,原房屋结构件被做了复原处理,老房子原始质朴的那份气息通过材料体现了出来。

在改造之前,由于各地旅游业的带动,当地百姓对老房子做过装修处理,但缺乏审美指导,运用材料和装饰手法不得法,所以效果较差、不尽人意,屋内屋外两种风格。

二层客房立面图

风格传统，现代功能

历史建筑功能更新具有两个层面的含义。第一，功能置换。将原有历史建筑的个人住宅、小型办公等功能置换成以商业为主导的酒店、餐厅、宾馆等餐饮住宿功能，或是以文化传播为主导的展览展示功能。对历史建筑的妥善保护与科学更新，不仅有助于散发其本身的文化魅力，更能在盘活房产、旅游观光等市场层面上带来经济收益。

对于历史建筑，在不破坏城市文脉和环境肌理的条件下，进行历史建筑的改造再生，可以有效地完善城市的服务功能，增强城市发展历史的厚重感，体现对城市文化遗产的可持续发展利用。第二，在历史建筑再生的一系列活动中要围绕建筑与自身历史文化背景的关联性。不管是以商业为主导的餐饮住宿功能，还是以文化传播为主导的展览展示功能，都要安排让具体的使用功能尽可能接近历史建筑原来的使用功能。

随着人们生活水平的日益提高和新型建筑材料、装饰材料的飞速发展，尤其是现代的室内设施如暖气、空调、卫生设备以及家用电器已成为室内的必需品，这些现代设施的采用，给人们带来舒适和方便。因此，要设计巧妙，将这些现代化设施的放置和装饰与室内传统构件浑然一体。

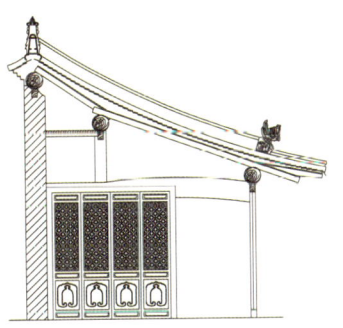

二层客房立面图

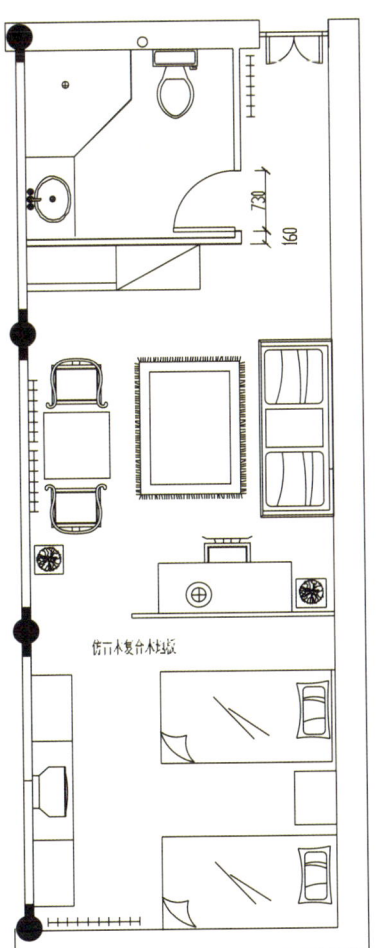

二层客房平面图

云锦成套房2

云锦成套房3

云锦成太师壁

壁与帷幕

太师壁：太师壁的装修部位同内檐屏门，常安装在堂屋明间金柱之间，两侧及背后均留有一定空间，供人们通行。太师壁前多放几案、太师椅等家具。太师壁的形式不同，其做法也不同，但不管哪种形式均随内檐装修相应构件的做法。

木板壁：即木板墙，安装的位置与内檐隔扇或太师壁基本相同，作为分隔和屏障室内空间使用。木板壁可以安装槛框，亦可不安槛框。安槛框者，槛框内有板壁边框，框内装满木板；不安槛框者，边框直接贴在柱子上，框内装板。

帷幕：帷幕是古代最早用来做分隔的物件，可以用在室内和室外。悬挂在堂中或门窗处的，称为帷幕或帘帷；挂在床架上的，称为帐幔。材料可采用各种纺织工艺花饰的绸绫幔子。帷幕在室内具有遮挡光线和视线的作用，同时又是室内最好的装饰品。

 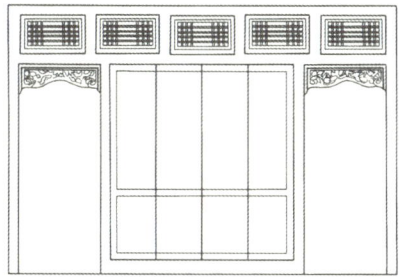
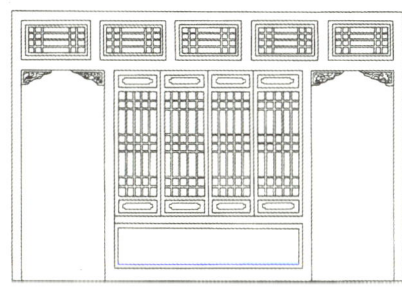 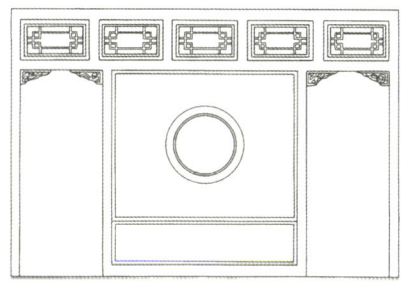

太师壁图稿

云锦成客房室内

云锦成客房家具

家具

(1)椅凳类

椅凳类家具主要包括：杌凳、坐墩、交杌、交椅、长凳、椅、宝座等。

杌凳：无靠背的坐具的统称，有无束腰、直腿、弯腿、曲杖、直杖等多种造型。

坐墩：又名绣墩，是一种鼓形坐具，有五足、八足、直棍和四开光、五开光等多种造型。

交杌：俗称马扎子，其构造和形状来自古代的胡床，是一种可折叠的简易坐椅。

长凳：是供两人以上安坐的凳子，有案形(形似案子，窄长，四腿八叉，民间俗称板凳)和桌形(形似桌子，直腿或弯腿)两种。

椅：是人们所熟悉的坐具，传统的椅有靠背椅(只有靠背没有扶手的椅子)、扶手椅(既有靠背又有扶手)、圈椅(又称圆椅、马掌椅，形状圆婉美观)、交椅(是交杌与圆形靠背椅的结合)四种。

(2)桌案类

桌案类家具主要包括炕桌(炕几、炕案)、香几、酒桌、半桌、方桌、条几(条桌、条案)、书桌(书案、画案)等。

炕桌(炕几、炕案)：是在炕上使用的矮脚家具。

椅凳类家具：
1.八足圆凳
2.长方凳
3.方凳
4.五开光坐墩
5.五开光坐墩
6.上折式交杌
7.条凳
8.二人凳
9.灯挂椅
10.官帽
11.圈凳
12.交椅

香几：为放置香炉的家具，以圆形三足为多，腿足弯曲夸张，造型优美秀丽。

酒桌：是一种较小的长方形桌案。

半桌：是相当于半张八仙桌大小的桌子，当一张八仙桌不够用时可用其拼接，故又名"接桌"。

方桌：是应用最广的一种家具，有大、中、小之分，分别称为"八仙"、"六仙"、"四仙"。

条几(条桌、条案)：都是窄而长的家具，大小不等。其中条案最长，可达丈余。条案的形式有平头案、翘头案，造型各异。

书桌书案、画桌画案：是比较宽大的长方形家具，其形状往往与条桌、条案相同，但宽度较大，以便于书画、阅读。

桌案类家具：
1.炕桌
2.炕桌
3.香几
4.酒桌
5.半桌
6.方桌
7.翘头案
8.架几式书案
9.条案
10.平头案
11.琴桌

(3)床榻类

床榻类家具主要有榻、罗汉床和架子床三种。

榻：只有床身，没有后背、围子和其他任何装置的称为榻。

罗汉床：床上有后背和左右围子的称为罗汉床。

架子床：是带床顶的床，床顶由四根或六根立柱支撑，架子床四周可以安装床围子，是一种很讲究的卧具。

(4)柜架类

柜架类家具包括：架格、亮格柜、圆角柜、方角柜几种。

架格：又称书格或书架，其上可以放置书籍或其他器物。

亮格柜：是分成上下两段的一种家具，上部是亮格，下部是柜子，它是二者相结合的产物。

圆角柜：是一种带柜帽的柜子，柜帽转角处做成圆形。这种家具多用在炕上，故又称炕柜。

方角柜：无柜帽，上下等大，体量不一，大者高达2米或三四米，小的约1.5米左右，可以用在炕上。

(5)其他类

其他家具品种很多，有屏风、闷户橱、箱、提盒、镜台、官皮箱、衣架、面盆架等。

屏风：是屏具的总称，由多扇组成，有可以折叠的围屏和带底座的坐屏。坐屏有独扇、三扇、五扇等不同形式，这种家

云锦成客房家具

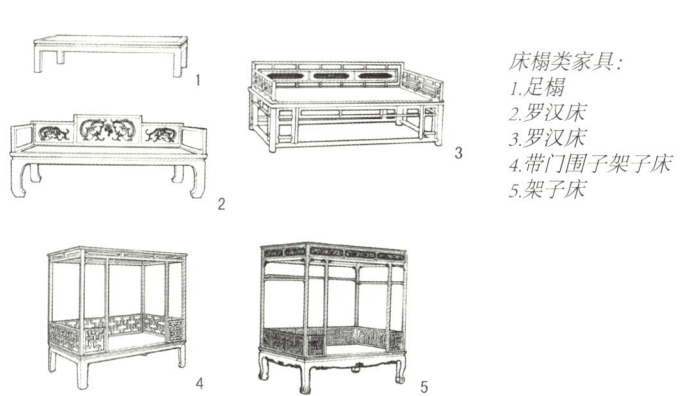

床榻类家具：
1.足榻
2.罗汉床
3.罗汉床
4.带门围子架子床
5.架子床

云锦成套房家具（一）

具多见于宫殿府邸之中。

闷户橱：是一种带有抽屉和闷仓的家具，形似翘头案，案面上可以摆放器物陈设，抽屉和闷仓内可以储藏物品。

箱：是一种有底、盖可以储存物品的家具，依据功能不同可以分为衣箱、药箱以及存放金银细软的小箱等。

提盒：是带提梁分层的长方形箱盒，有大、中、小几种，大的需要两人抬，中的可以一人挑，小的可用手提。

镜台：即梳妆台，多在居室中使用。

官皮箱：即镜箱，也可以说是一种可以移动的梳妆箱。

衣架：是专门用来搭挂衣服的架子，多用于室内床榻两侧。

面盆架：是用来放置脸盆供人洗脸用的架子，有高、矮两种，矮者高约65~70厘米，有三足、四足、六足等不同形式，可以折叠。高者是在矮架基础上，将其后面二足升高至1.7米左右，上安挂牙、搭脑，可搭置巾帕。

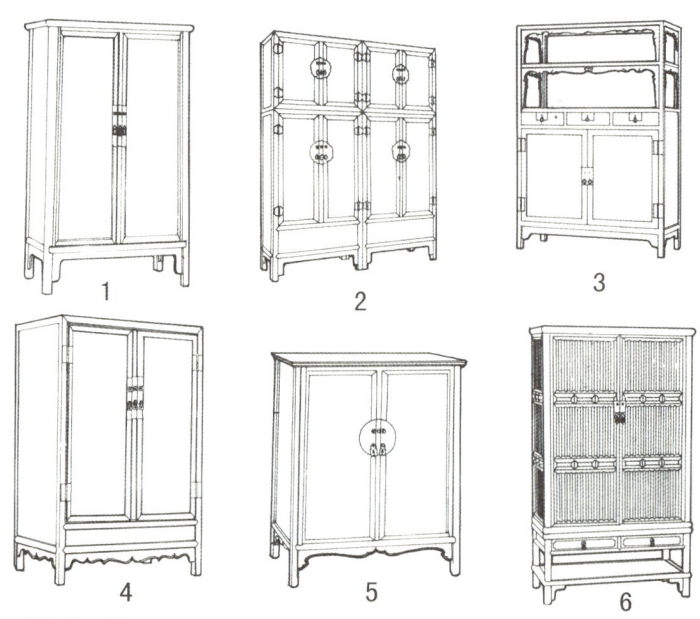

柜架类家具：
1.圆角柜 2.四件柜 3.亮格柜 4.角柜 5.炕柜 6.架格

其他类家具：
1.闷户橱　2.折叠式镜台　3.联三橱　4.柜式药箱　5.小箱　6.面盆架
7.座屏风　8.衣架　9.官皮箱　10.高面盆架

云锦成套房家具（二）

云锦成套房家具（三）

室内陈设

陈设是摆放或悬挂在室内供人品玩观赏的艺术品的总称，它主要包括青铜器、瓷器、玉器、竹木雕刻、漆器、刺绣、字画等。

青铜器：我国青铜器在商代即已进入成熟阶段，早期的青铜器以实用为主，包括炊具、酒器、容器、农具、武器、乐器、车马、符节等。后来，随着铁器、陶艺和木器的发展，青铜器逐渐不再作为用具，而成为载有古代历史文化信息的文物而流传于世。

陶瓷：是一种实用品与艺术品的结合体，在室内陈设中占有重要的地位。陶瓷产生于不同的朝代，无论从造型、釉色、胎质、装饰、款式上，都带着不同时代的艺术特点和时代特征。如唐代的青花和唐三彩，明代的青花红彩，清代的康熙五彩、粉彩、珐琅彩等，都具有独特的艺术性和鲜明的个性，是供人使用和玩味的艺术佳品。

其他如玉器、雕刻、刺绣、漆器、钟

传统元素室内陈设

表等，或是纯粹的艺术品，或是具有艺术欣赏价值的器物，都是室内重要的装饰陈列品。

传统家具和陈设，是建筑艺术不可缺少的组成部分，是中国几千年文化、艺术成就的积淀，是世代人民聪明才智和艺术才华的结晶，是中国传统文化的精髓。他们不仅是中国的宝贵财富，也是全人类共同的宝贵财富，具有极高的艺术价值和收藏价值。

云锦成客房陈设

云锦成客房陈设

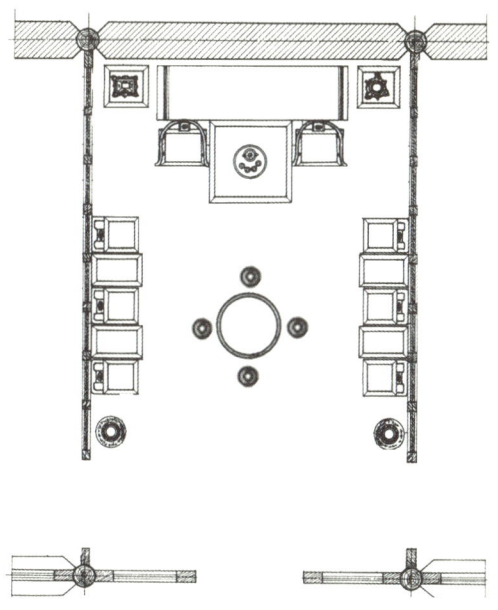

传统室内陈设平面/立面

云锦成室内陈设

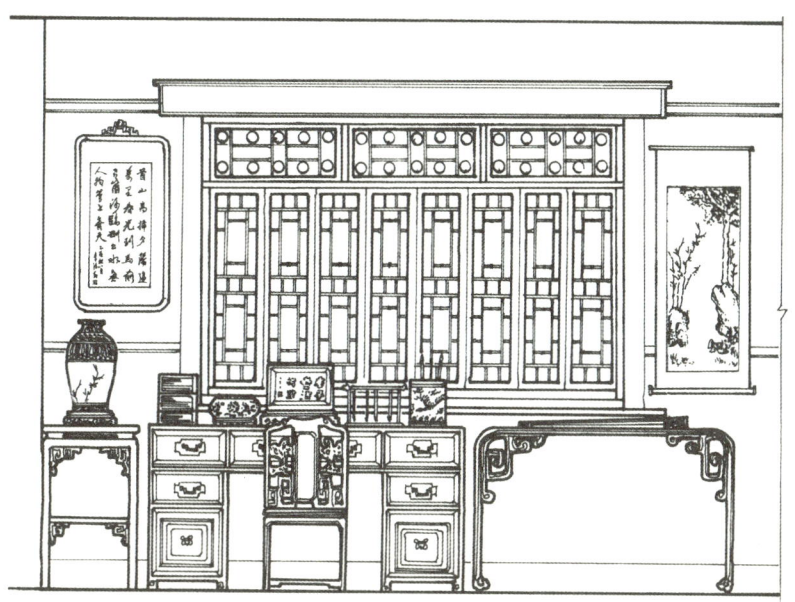 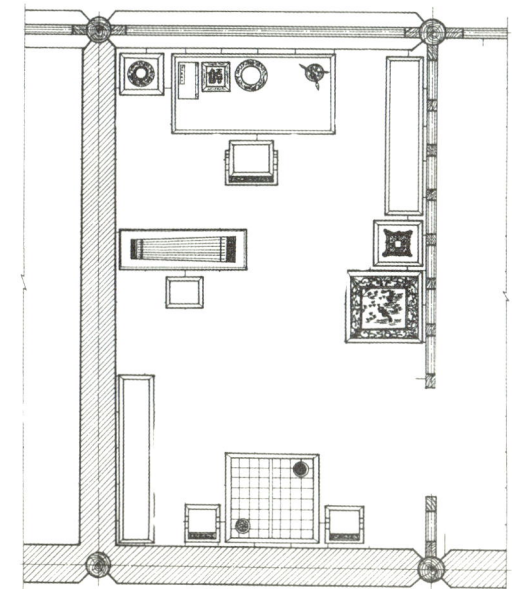

传统室内陈设（一）

"履之适也"

任何装饰，所装饰的对象，都有其物质的和精神的功用，如果脱离被装饰的物体，为装饰而装饰，装饰就失掉了它的意义。对建筑装饰来说，只是美化生活空间环境的一种手段，要做到没有它，就感到缺少而不够完善；有了它，却不觉其多余而增辉。这就要求细部与整体的有机结合，一切装饰要融化在整个的艺术形象之中。如庄子所云："忘足，履之适也。"一双非常合脚的鞋子，穿着它是不会感觉其存在的。这种虽有若无的境界，应是建筑装饰的最高追求。

传统室内陈设（二）

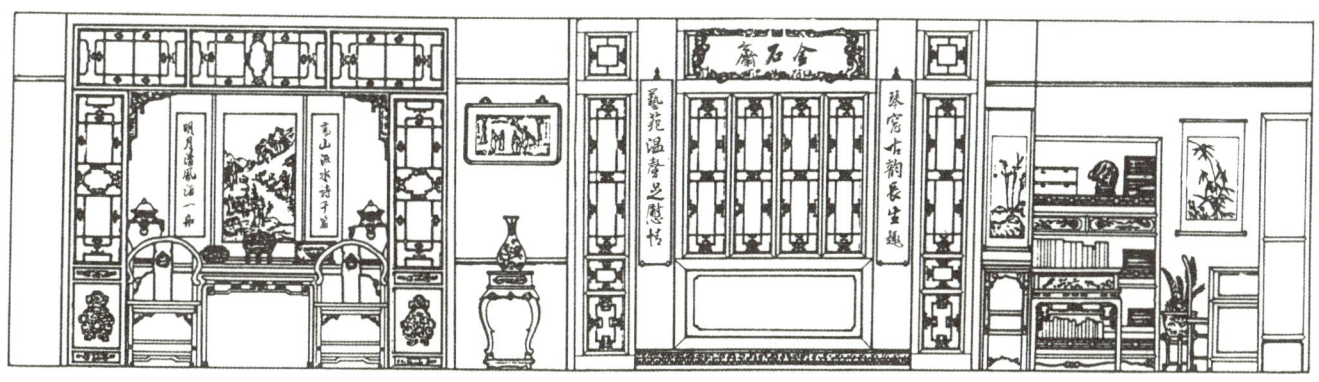

传统室内陈设（三）

57

云锦成/会议室

　　历史建筑的更新首先是一种文化方式的更新，这也包括使用功能的更新。会议室同议事厅，在传统建筑中，这种议事功能的空间通常被安排在祠堂大殿等类型的建筑中。而把它们安排在历史民居建筑中，对于设计师来说是个更富有挑战性的设计任务。

　　以汇报演说和对话讨论为主要功能的会议室，在满足了功能和各种专业设备的要求下，可以雕刻、贴金、彩绘等装饰形式表现在空间的各个位置上。

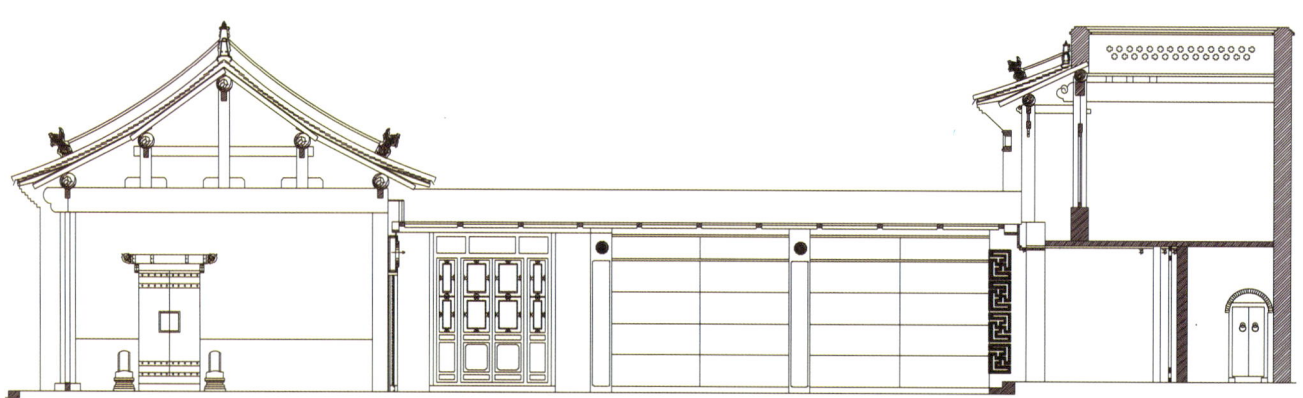

会议室纵向剖面图

云锦成会议室

会议室入口

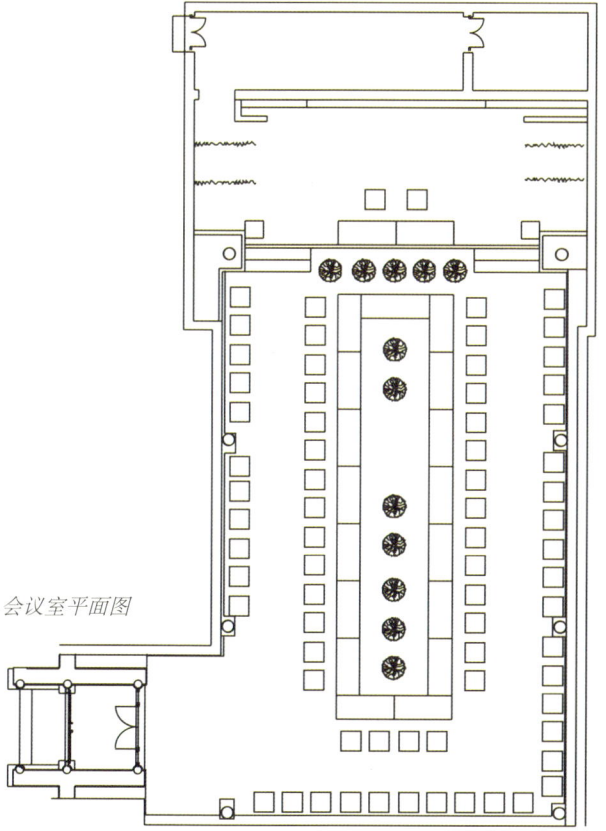

云锦成会议室演讲台

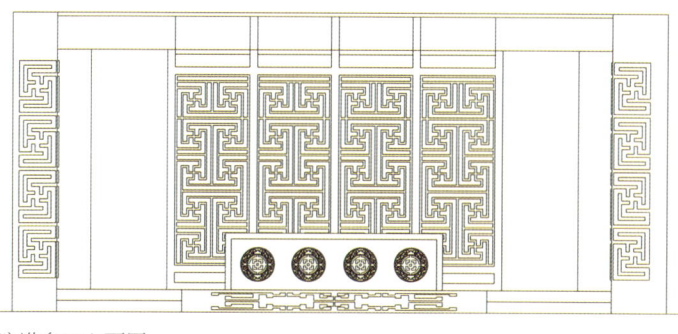

会议室平面图

演讲台口立面图

云锦成/茶餐厅

茶餐厅是云锦成民俗酒店又一为客人提供茶点餐饭的公共空间。茶餐厅的设计延续了云锦成民俗酒店以晋中民居为主的设计风格。

室内以古朴的灰色和晋中民居所特有的深棕色和黑色为主，还有丝质软饰的帷幔装饰。这些深色系的装饰又将华丽的氛围融入到空间中来，像是古老民居的华丽服裳。木材、石料、灰砖、丝幔、绿植等等，将这一空间营造得古老、朴素而又华美，富有生机。

云锦成茶餐厅

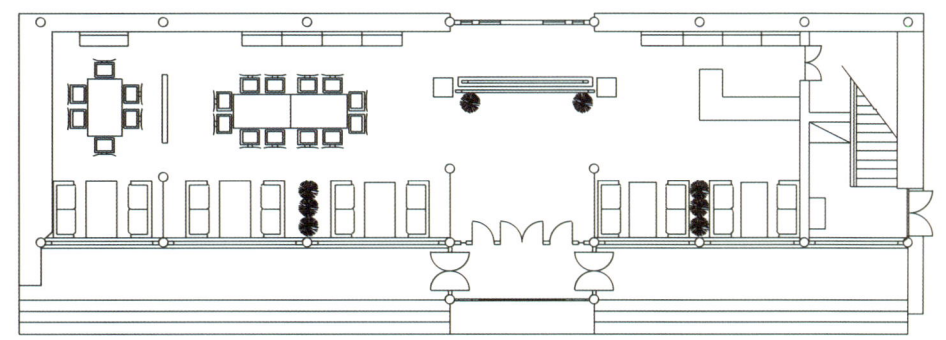

茶餐厅平面布置图

心态自然

室内空间的自然并非真实自然的再现，而是心态自然。空间中的自然并非"虽由人作，宛自天开"，而是感受的自然，是从视觉、听觉、嗅觉乃至味觉感觉到的自然，尽管在室内空间中我们仅能看到那一丝的自然景象。

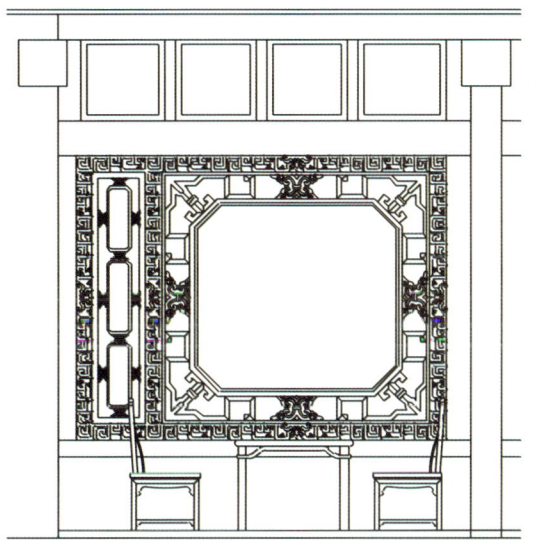

卡座与窗棂立面图

窗棂与植物

传统门窗之美在于其隔扇图案的装饰性。窗棂极富韵律的图案与屋顶的韵律共同组成庭院的建筑立面，阳光也被窗棂划分成美丽的图案。

植物是居者的人格体现。室内植物有选择地再造自然植被景观，同时赋予象征含义。落叶杨柳以供四季遣怀，常青松柏以见守寒之志，梅兰竹菊以象洁好之身。

地砖大样图

茶餐厅北墙立面图

入口玄关实景

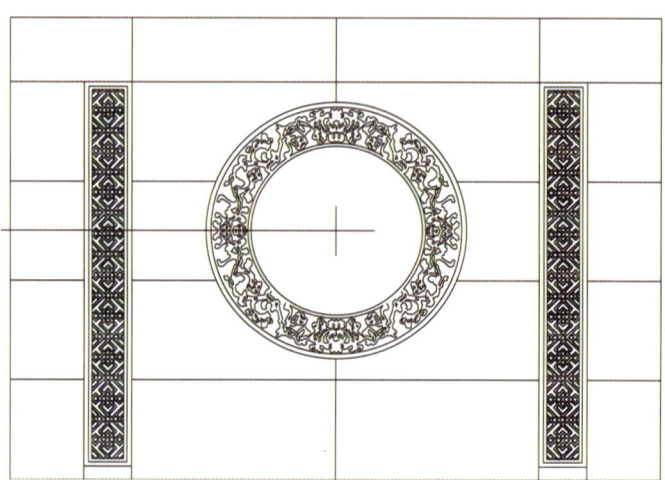

入口玄关立面图

入口玄关实景

入口实景

入口隔扇大样图

茶餐厅吧台实景

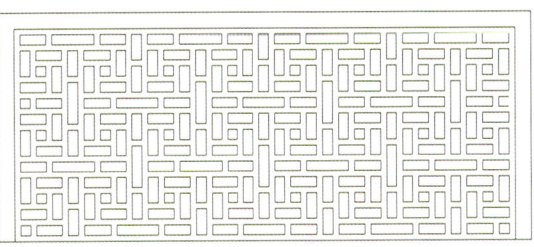

大厅吧台大样图

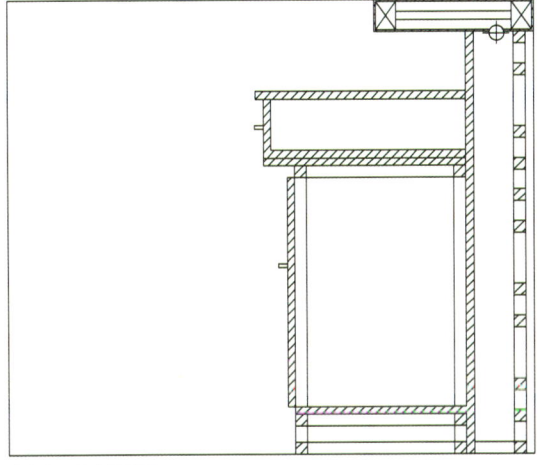

大厅吧台剖面图

生活美的精神化

  建筑一方面将日常生活艺术化，另一方面从平凡的生活获得艺术感悟。建筑意境通过追求美的生活而达到将生活中的美提高到精神境界的高度。于是建筑不再仅仅是门、窗、墙围合的空间，而成了人与自然、精神与宇宙交汇的场所。

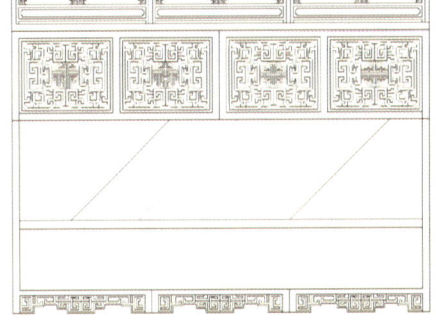

大厅鱼缸立面图

福　禄

寿　喜

传统吉祥纹样

鱼缸方心大样图

云锦成中餐厅

云锦成/中餐厅

由于老建筑二层的开发改造，原有的室外空间格局不能满足餐饮的服务需求，有限的空间内要保证上下楼层的人员流动、流畅，并且要把前后两处建筑的设施一体化管理，保证不因季节、气温的变化而影响到餐饮服务的质量，所以设计了小桥与采光天顶。在设计风格上不仅满足了与建筑的浑然一体，也将酒店的配套服务空间做了很好的衔接。

云锦成中餐厅实景

中餐厅旧貌

云锦成中餐厅实景

中餐厅旧貌

云锦成中餐厅

云锦成中餐厅

南临街东立面图

中餐厅吧台

北临街铺面玄关立面图

扣箱与几

"扣箱"是山西地区典型的市民家庭的家具器物。扣箱以其容纳的物品之多而著称，在旧时社会，拥有扣箱之多的家庭，被人们认为是富足的家庭。"几"又是一种家庭用具，汉唐时代，人们在室内是席地而坐，几在这个时代有着重要的作用，人们读书、饮食都离不开几。宋代以后，随着人们的室内生活离开地面，几渐渐退出人们日常生活的大型家具器物，进而渐渐转变成一种小型的家具器物，如炕几等。

吧台的设计将扣箱与几融合在一起，这是历史中时代的对话，同时又是形式与功能很好的结合。

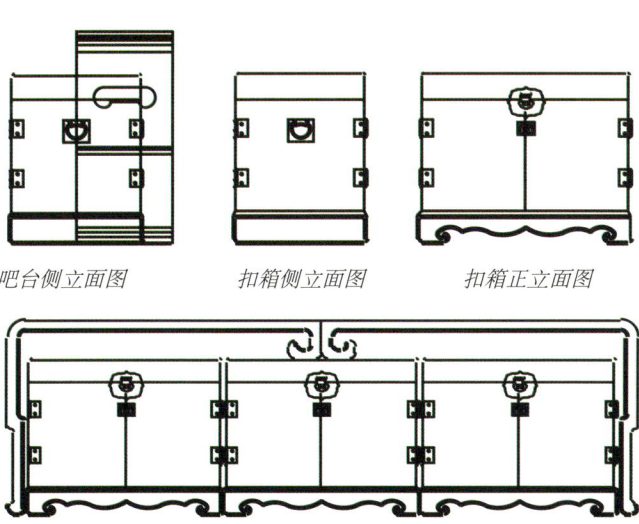

吧台构思手稿

中餐厅入口

吧台侧立面图　　扣箱侧立面图　　扣箱正立面图

吧台正立面图

从吧台看中餐厅

中餐厅楼梯

中餐厅二层过道

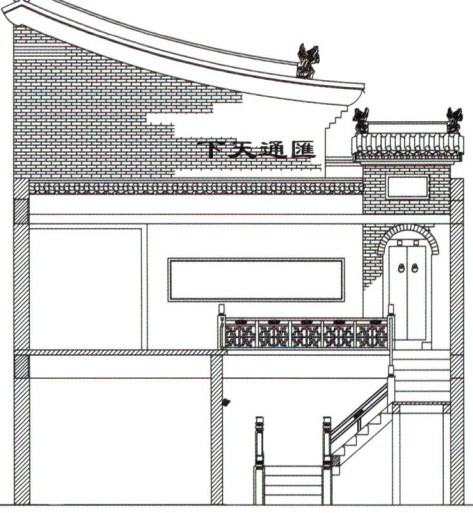

云锦成南院新建二层东剖面图

平遥民居院落是山西民居的代表。平遥民居多为传统民居建筑群。从高处俯瞰,院落相连,屋顶相互搭接,悬山顶、歇山顶、硬山顶、卷棚顶等均以灰瓦覆盖,平面顶也为灰色;墙体多由青砖砌成,单坡屋顶以灰瓦覆盖,二者赋予晋中民居院落灰色的整体色调。大面积的灰瓦屋顶、灰墙和栗色的门窗,形成明度对比为中中调的灰色调。在平遥民居的细部上呈现出的色彩特征是灰调重彩。灰调是灰瓦和灰色砖形成的,重彩则是指点缀其间的明度很低的栗褐色、褐黑色的门、窗、真金彩绘等。砖雕、石雕整体上是砖石的本色,木雕色彩和窗户色彩一致为栗褐色,典雅大方,外露柱子色彩比门窗更深,为褐黑色。在木石本色、栗褐色、褐黑色的点缀之下,铺天盖地的素色砖墙不仅没有褪尽颜色的乏味感,反而相映成趣,增添了晋中民居院落灰色调的古朴与庄严。因此,在平遥民居院落改造的色彩控制应当以色彩明度上中中调、色彩纯度上低长调为控制原则;在用色体系上是以木石本色的灰褐色为主,有一定面积的金色、栗褐色、褐黑色的低纯度低明度的色彩对比,在细部上有高纯度的色彩作为装饰,即为协调性对比。

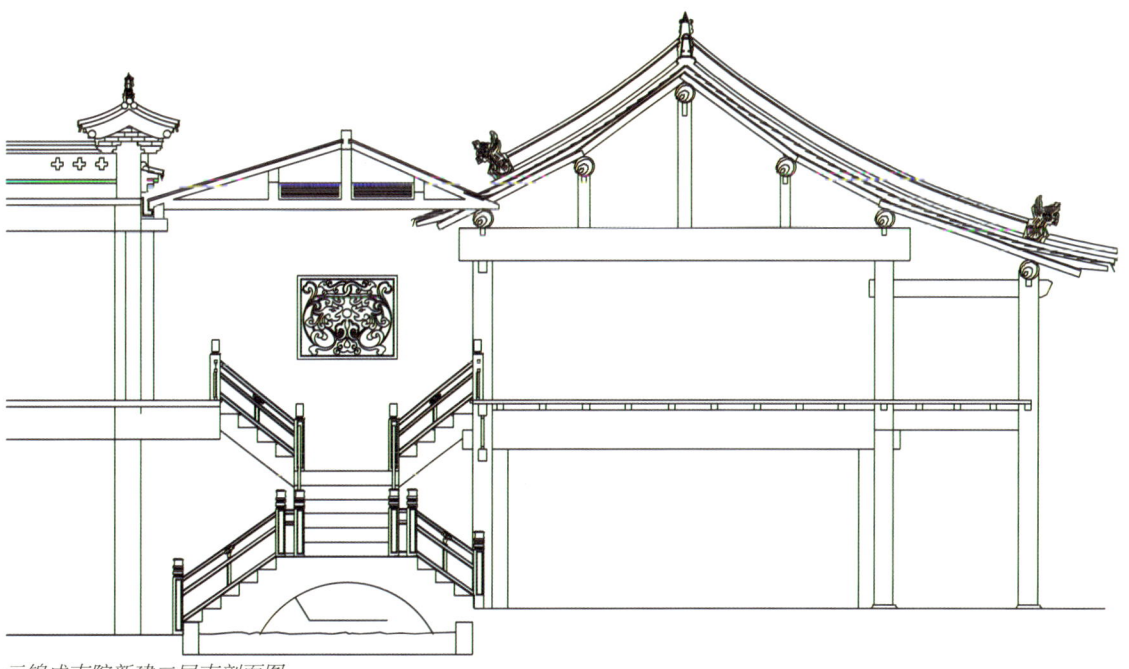

云锦成南院新建二层南剖面图

设计师手绘草图

中餐厅楼梯

中餐厅楼梯施工

中餐厅楼梯

胡梯

　　胡梯即楼梯，有两颊、促板、踏板、望柱、钩阑、寻杖等构件。《法式》所定梯身坡度约45度，失之陡峻，但辽金楼阁实例都与此相似，可能是当时通例。踏板与促板等宽，每高1丈，分作12级，宽约50厘米，大于当今常用尺寸45厘米，所以登临时较为费力。胡梯的结构特点是由两根斜梁支撑所有其他构件。踏板与促板嵌于两颊内侧所刻槽中，并以"幌"作锚杆拉结两颊。两侧钩栏也安于颊上，常用最简单的卧棂造。楼层高时，可以作两盘至三盘的胡梯，将其称为"两跑"、"三跑"。

　　云锦成中餐厅的楼梯设计，一反以往民居从室内或庭院次要空间进入二层的方法，标新立异地以轴线对称的方式布置在不大的民居庭院当中来。楼梯巧妙地将一楼大厅、一楼包间和二楼包间以及厨房系统联系起来，同时为空间增添了些许情趣。

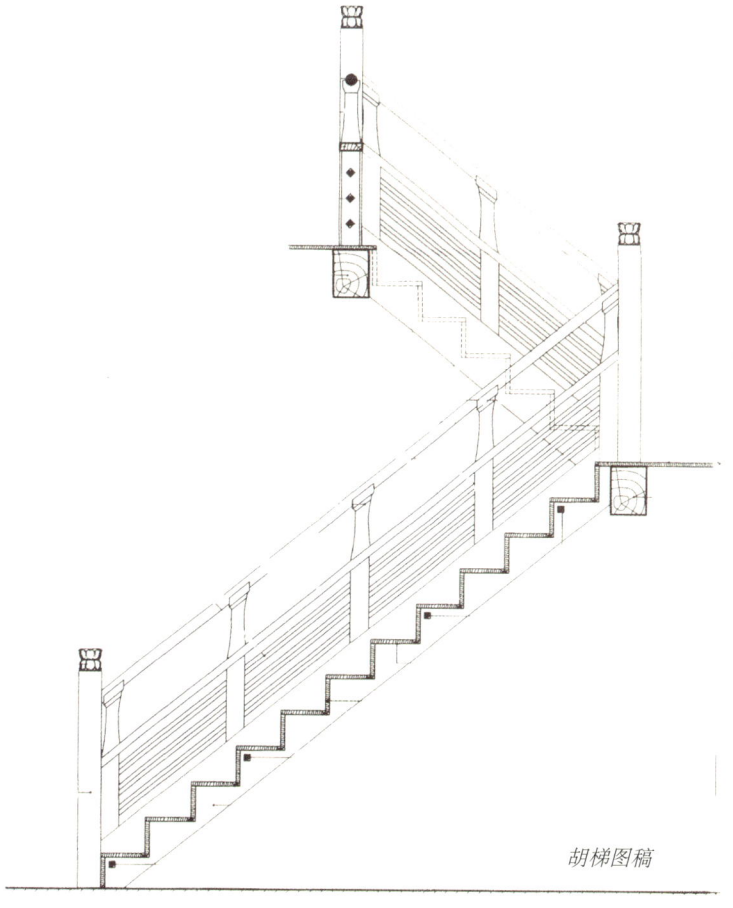
胡梯图稿

中餐厅通道

云锦成北临街铺面二层走道东立面图

通道地毯大样图

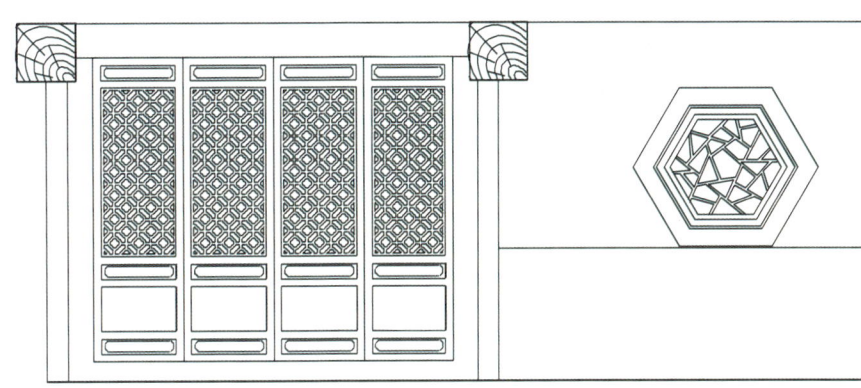

云锦成北临街铺面二层走道东立面图

静态空间

建筑是凝固的音乐，室内是凝固的空间。建筑室内空间不似庭院的流动空间，而因四方围合更具有静态特征。其审美特征也是以静为主，然而其相在"静"，其意在"动"，实为以静蕴动。

在建筑中，室内空间是中国人的微型宇宙。原始建筑不仅是社会需求的产物，而且是象征性和宇宙性诠释的产物。中国传统宇宙观由建筑的营造活动衍生而来，"宇"是屋宇，"宙"是由"宇"中出入往来。"宇，东西家南北"。传统建筑从功能到文化，从生理到精神，万物具备，成为一种宇宙图式。

建筑一部分融入庭院成为空间，一部分并入墙成为边界。建筑单体内侧弱化为窗，与庭交融，外侧与墙重合从而边界化。整片窗形成的"幕墙"具有功能及审美的双重含义，门与窗形式上没有明显差别，门实际就是落地窗，门窗可全部开启甚至拆卸，从而室内与庭院进一步融合，体现了内外空间的连续与中介。

中餐厅通道

通道施工

中餐方包间

中餐厅包间

老建筑、老房子的建筑构件，经历了岁月的洗礼，有股历史苍凉之美，仿佛它在向你诉说历史的故事。建筑二层已不再具有存储功能后，几乎成了废弃空间，尘土满屋。经过设计改造后它变为餐饮包房，让每一处该保护的构件重新焕发了光彩，整体空间不仅配套了酒店的功能，而且营造了今日文化与昨日文明和谐的气氛和完美的统一。

光线是营造一个室内环境重要的元素，灯光能营造出温馨浪漫的气氛，天光更能给人以生态的绿色环境。北方的冬天，若在室内能营造出绿色那是非常宜人的。这套大包房内限于空间的不足，只能作天蓬采光，但造就了这片绿色光影。

阁楼式包间入口立面图

中餐厅阳光包间

中餐厅阳光包间

原来的老宅院云锦成,现在要改造成酒店,以前住着一个大家族,新中国成立后分给老百姓居住,七零八落的散户在院子里就盖了很多临时的建筑,不符合原来纯粹的整体建筑风格,这些在改造的时候就将其拆掉,应该保留的历史文化就可以留下来;然后从酒店的功能、流线出发,哪些地方是客房,哪些地方是大厅、前台,整体建筑大格局不可以改动,如建筑朝向、院落关系,但可以把它们分割成酒店的功能和条块,在这个基本框架里做室内设计,在大设计中做小设计。室内功能划分和装饰设计,大厅里哪些地方是休闲座谈区、前台服务区,哪些地方是景观区,划分内部基本功能,第一是功能,其次才是装饰。古建筑改造没有固定的方法,实际上是什么样的建筑,采用什么样的方法,必须对症下药,不能用一个模式去套用,根据建筑形式和功能,再用具体方法去解决,不可能一种方法放之四海而皆准。

功能和形式的结合,如酒店需要大厅、前台,酒吧台的背景、柜子,这些在古建筑中是找不到的,如果把古代柜子照搬过来,就不符合实际功能,这时就需要你把文化形式和功能需求很好地结合起来。还有空间改造,如有些地方在古代是储物的,不能住人,在改造中可以调整其空间的作用。做一个酒店改造,不能大拆大改,要在原建筑的基础上做些改动,适当的功能和形式结合起来,功能具备,形式兼有,与传统文化相吻合,做到这个地步比较难。

中餐厅阳光包间

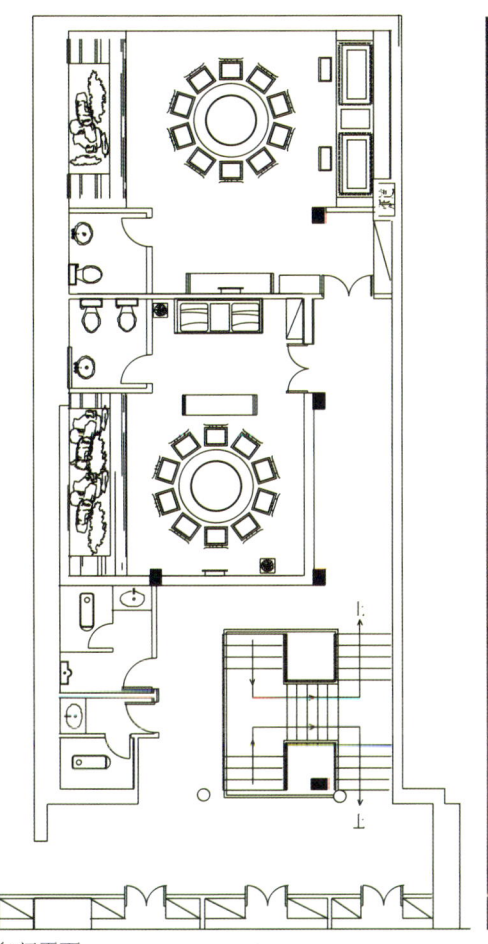
包间平面

包间入口处

包间A立面

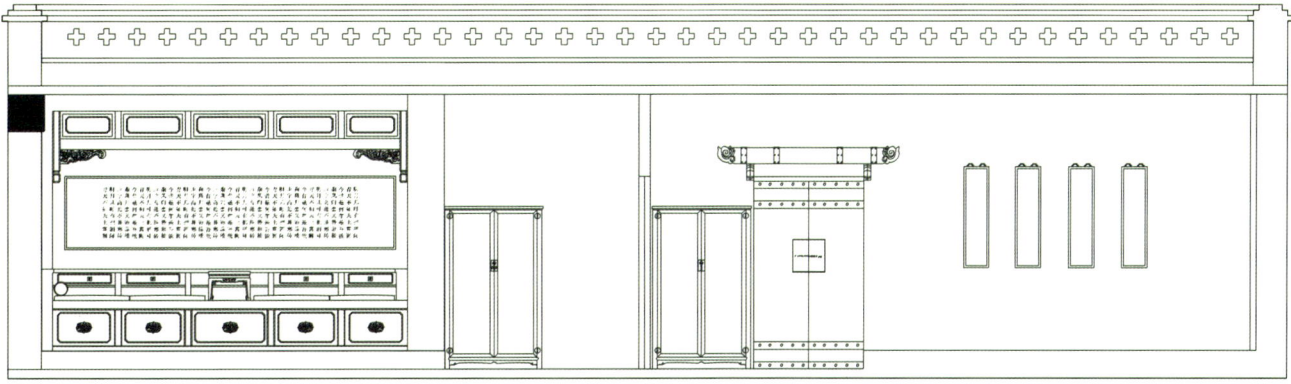
包间B立面

作为传统文化的继承人，设计要尊重文脉，要有文化传承，建筑形式一定要和本土文化结合起来。现代建筑结构由于材料的多样选择性，改造时不一定要按照传统民居的结构，可以作一些改动，只要形式和周围搭配协调，完全可以改动。但建筑中一些传统的文化符号不能去掉，古代的彩绘、木材沧桑的色调应尽量保留，另外还要考虑承重等建筑工程学原理。古建筑的一些民居空间和酒店的功能是不一致的，可以根据现代人的要求作适当调整，以前是储物的，改造后是可以住人的，就需要作些调整。

古建筑改造形式与功能拿捏在云锦成古建筑中，新增这些现代功能时，我们力求让它们与原先的整个空间风格相统一，使它们非常贴切地融入原先的建筑中去。此外，酒店的软装饰也是根据传统建筑的风格而专门定制的，以确保空间中没有任何异样的视觉冲突。整个项目改造基本是在"修旧如旧"的原则下进行，没有破坏原有的建筑格局，而只是将有些地方改得更加合理，以符合现代人的需要。对建筑中因为年久失修、受潮腐烂和遭到虫蛀破坏的部分，设计在这里没有推倒重来，而只是想办法修复，只有这样才能最大限度保持建筑的原真性。更新过程中，设计还结合平遥当地的青砖、砖雕、木雕、彩绘和石雕等具有地方传统特色的装饰元素，来塑造空间的某些部位。云锦成改造后，"使中国的传统向前迈了一步"、"在利用旧空间方面非常到位"，而且还获得了商业上的极大成功。从某种程度上而言，云锦成并不仅仅只是在进行空间的自我转换，它以传统而现代的空间勾起人们对于先人生活方式的回忆，让时光一下子倒流了好几百年。

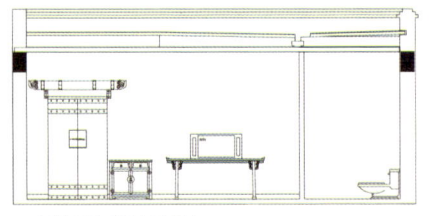
二层包间1西立面图

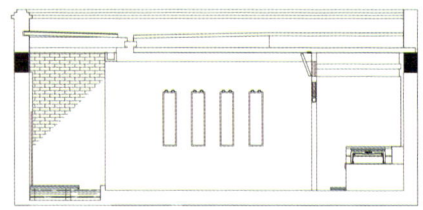
二层包间1东立面图

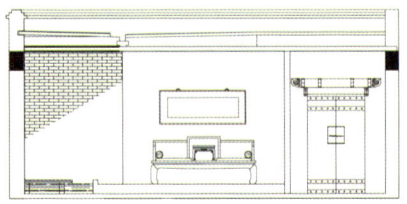
二层包间1入口立面图

二层包间1走道南立面图

二层旧貌

中餐厅包间

云锦成/大剧院

　　云锦成大剧院原是平遥电影院,是新中国成立以后的建筑,在这个项目的设计中,考虑到与平遥古城历史风貌的结合,参考了很多平遥民居的要素,如悬山顶、青瓦等等,通过设计将这座建筑再次融入平遥古城这个历史环境中。

云锦成大剧院

对称与轴线

对称均齐之美。对称的格局来源于以礼为基调、以中为尊的心理结构。

纵向轴线强调了建筑的线形交通。空间沿轴线展开，多重空间、建筑亦因中轴线的存在而具有方向性，并受到轴线上重点建筑的统领。

云锦成大剧院结构透视图

云锦成大剧院效果图

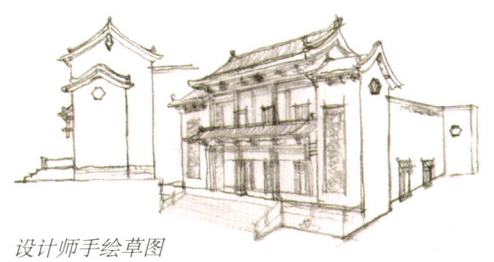

设计师手绘草图

云锦成电影院旧貌

剧场建筑主要是为演戏、看戏等服务的，它的发展与社会、经济、戏剧、科技等诸多因素紧密相关。剧场的演出部分好比戏剧的加工厂，因此，戏剧的内容、表现方式、表现手段等特点和要求，对剧场建筑有直接影响，而剧场建筑的发展进步也促进了戏剧的艺术创造与表现力，提高了观看的视、听效果与舒适性等。戏剧作为人类文化重要的组成部分，其产生和发展已有数千年的历史。

将平遥剧场改造成为"云锦成大剧院",又是另一种类型的历史建筑的改造设计。在设计时,思考的因素不仅仅是建筑本身,而更多的是建筑与周边空间的关系。建筑的体量、屋顶的形式、立面的装饰细节等,都是设计时考虑的重要因素。

这些建筑体块雕塑化的处理直接唤起了人们对平遥这座历史文化古都的联想。大剧院的外立面装饰采用中式古典元素,强调与平遥古城历史风貌的连贯性。像山一样雄伟厚重的建筑和传统的屋顶与平遥民居形成了有趣的建筑对话。

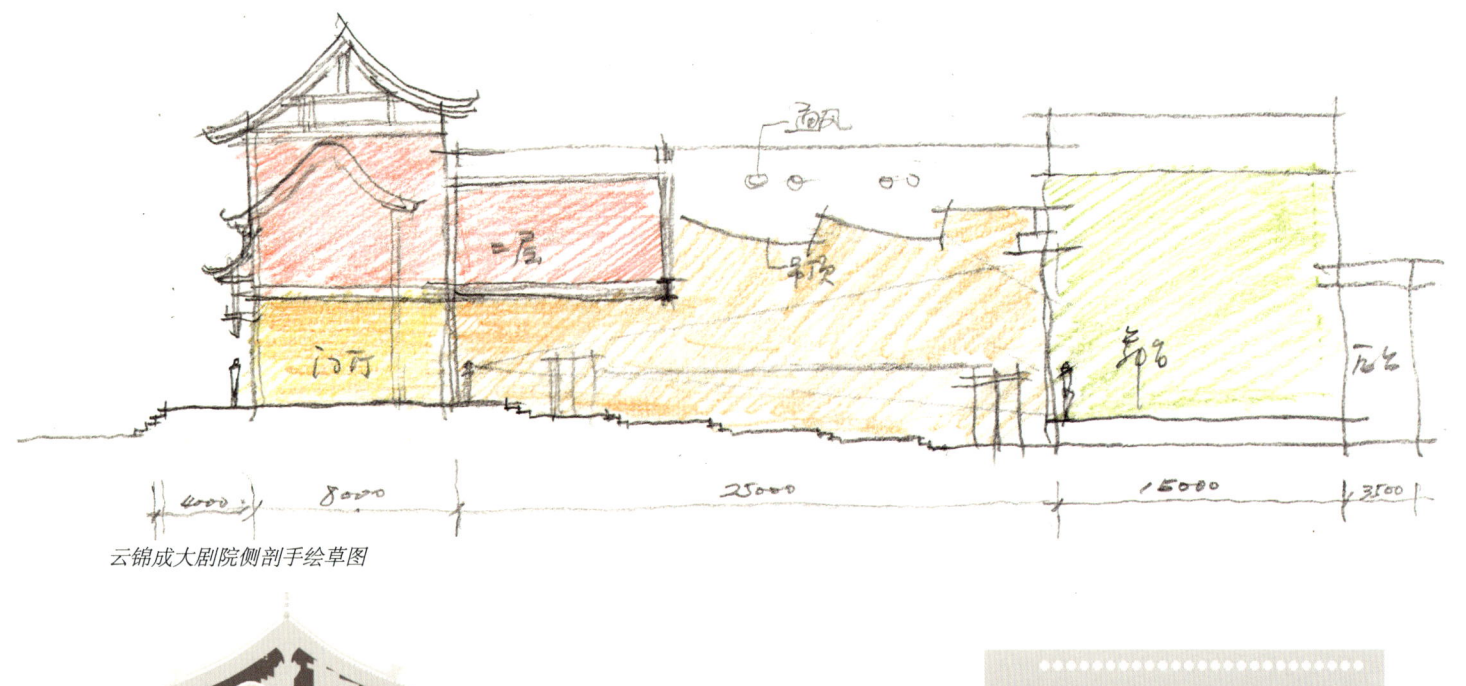
云锦成大剧院侧剖手绘草图

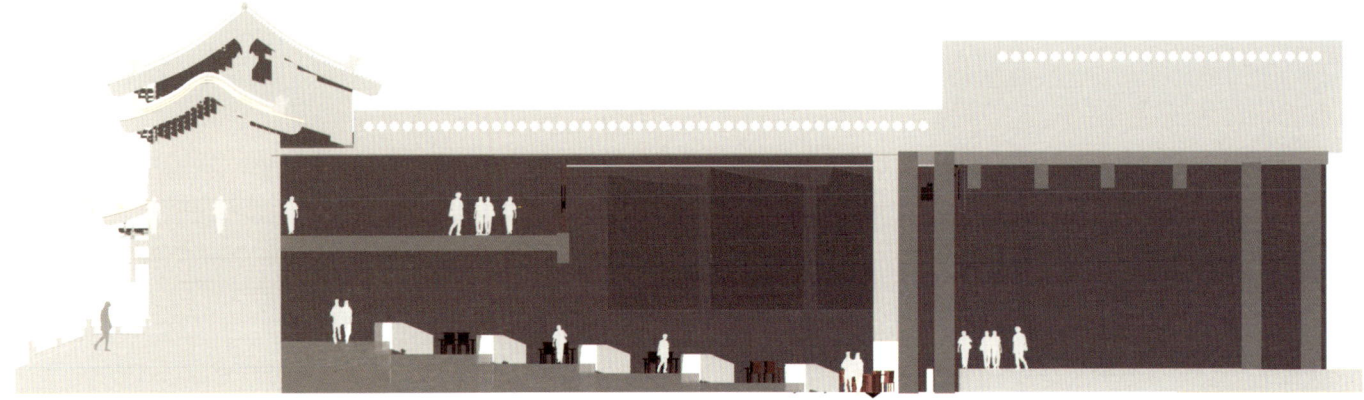
云锦成大剧院侧剖效果图

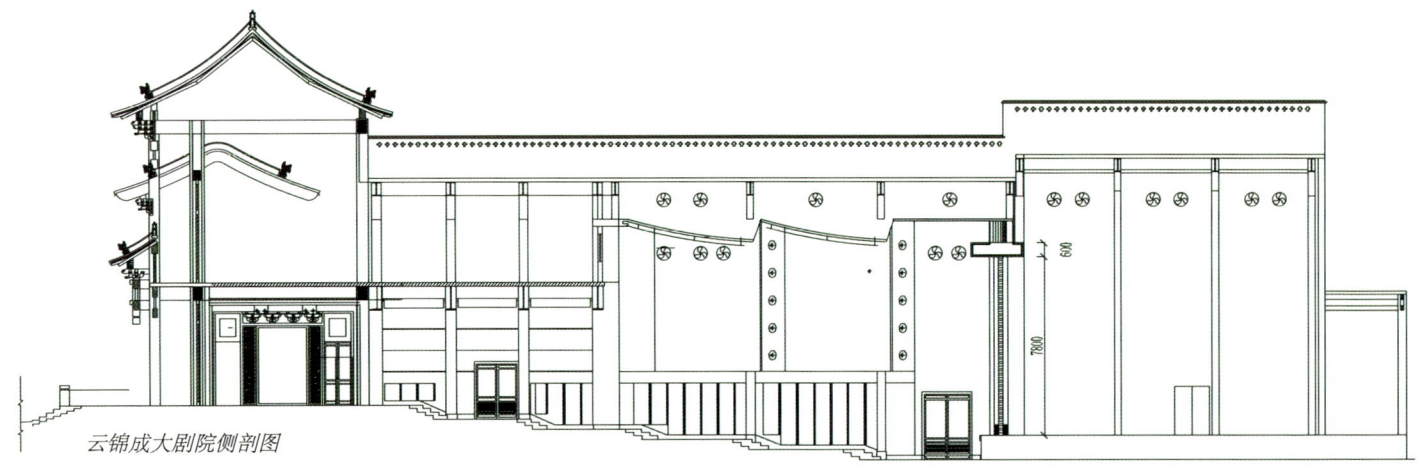
云锦成大剧院侧剖图

云锦成大剧院内部

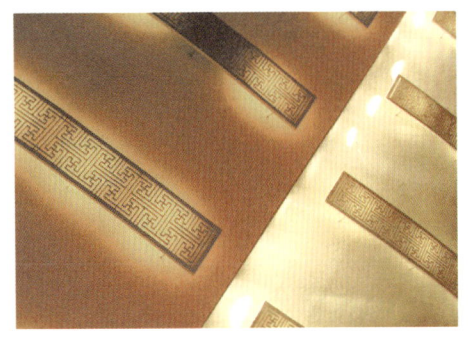

云锦成大剧院内部旧貌

平遥剧场是新中国成立后平遥重要的文化设施之一，在平遥发展进程中具有里程碑的历史意义。随着大众娱乐形式的改变，以及平遥的旅游发展，平遥剧场被改造为云锦成大剧院。改造后的云锦成大剧院面貌焕然一新，以更安全、更舒适、更节能、更齐全、更先进、更美观来迎接四海宾朋，同时也成为平遥古城旅游业的一面旗帜。

此次对云锦成大剧院剧场改造进行了空间构成、总体布置、舞台及观众厅等的设计，从技术装备、内容、灯光要求、视线设计、声学分析、防火疏散进行了科学的测算和考虑。在这次改造中，对大剧院的原有结构进行了抗震加固，增加了建筑物对地震的防御能力。使用了几十年的大剧院消防系统、设备陈旧落后，功能不全，通过这次改造，设置了火灾自动报警系统、消防通信系统、消火栓系统、喷淋雨系统、防排烟系统等，消除了原来的消防隐患。改造后的大剧院，剧场的座椅全部进行了更换，采用新型环保材料制成的座椅按照人体工学进行设计，更加宽敞和舒适。空调系统增加了冷量的输出，保证了空气的清洁度，使观众倍感凉爽宜人。

箱形舞台镜框式台口

箱形舞台镜框式台口的剧场，是剧场建筑的一种基本类型，其产生和发展已有3000多年，迄今仍然得到国内外剧场建筑的广泛应用。随着社会、文化和科技的发展，其构成内容、设施和演出手段等已远非昔日可比。云锦成大剧院也是典型的箱形舞台镜框式台口的剧场。

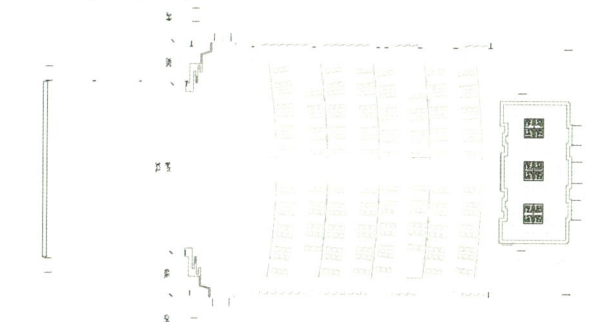

云锦成大剧院平面图

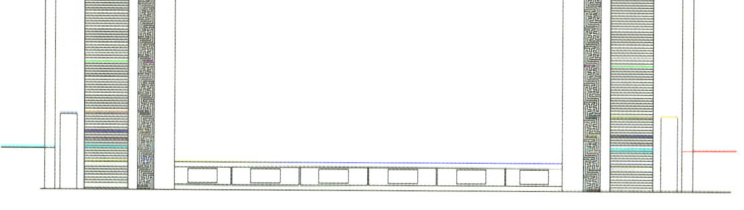

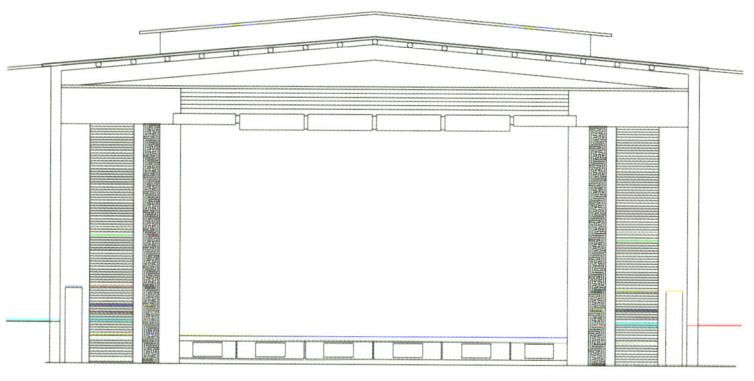

云锦成大剧院台口立面图

云锦成大剧院台口

平遥民居保护与改造的审美观

平遥古城作为世界文化遗产，在旅游开发与历史保护的过程中，在对其进行不同保护区之下的个体项目改造中，当地百姓的审美判断上有着很大的审美误区。本文通过对具体事例的说明和对正确审美观的阐述，指出如何用发展的眼光保护遗产并且和城市改造同步发展。

一、平遥民居的现状与保护的意义

历史上，平遥处于商业通道上，经济活动繁荣；加上票号业的兴盛，更促进了经济的发展。雄厚的经济基础，买地建房的传统置业习惯，使得建筑业相对发达起来，居民富庶，民居也建造得日趋精良。后来民国战乱，当地经济随之衰落。新中国成立到改革开放前，平遥经济相对落后，房屋较少翻建。这些因素综合作用，就使平遥民居基本保持了明清时期的完整风貌，成为我国北方汉族建筑文化的载体。因此，平遥古城被列为国家级历史文化名城，世界文化遗产之一，确属实至名归。据统计，古城内具有保护价值的传统民居四合院即达3000多处，其中400余处保存得非常完整，迄今有居住价值。

民居保护的意义：一是延续其历史文化价值，二是保存建筑艺术价值，三是展现民俗民风价值，四是提升古城风貌的完整性价值。

二、平遥民居的形制特点

平遥民居多为清代及民国时期所建，也有部分为明代所造。形制特点以四合院为主，布局丰富多样，细部华丽精良，建造工艺非常高超精巧。其整体构成元素主要有：宅门、倒座、院落、厢房、正房等几部分。规模较大点的多进四合院，各院落间由垂花门或过厅串联，形成偏院的多重组合。主院有明确的中轴线，左右对称、主次分明。这些高门深宅房舍内向，外观封闭，四周均筑高直挺拔的、石脚砖体的、高出房檐很多的围墙。房屋的地方特色突出，大体有几种基本建筑形式：一种是木构砖瓦房，再就是砖窑洞加木廊外檐，还有一种是下层砖窑洞、上层木屋合成的二层楼。当时为了争比富贵，往往不惜锦上添花，砖砌窑洞外还要加筑木廊瓦檐，饰以精美的木雕、砖雕、石雕及彩画等。门窗通常做成木棂花格，窗户纸上喜欢贴上剪纸窗花。屋脊处理喜欢五脊六兽，屋内屋外讲究木饰装修。独特的风水墙、风水楼、风水影壁等造型美观，和门神龛及马石、栓马柱、石狮等构成具有平遥浓郁地方特色的装饰风格。

三、民居改造的必然性

平遥城内解放初期人口3万多，1986年居住人口超过4万，平均每公顷180多人，最稠密地段达250多人。1996年，城内人口增加到6.5万人。地少人稠，城内居民由原来一户变成多户，形成多户杂姓杂居局面，居住面积十分紧张。与此同时，城内部分民宅的建筑年龄高达150年左右，加之大多数民宅为传统木台架结构，年久失修，色褪漆落，房屋通风极差，潮湿严重现象很是普遍。由于没有上下水设施，污水从街上流过，街巷变得泥泞不堪，使砖木结构的房屋变得潮湿，砖体碱化，木柱腐烂，严重地影响了居民房屋的寿命，有的变成危房。另外，因为居住面积狭小，房屋的使用功能也杂乱化，卧室、厨房、起居室混于一堂，住户居住面积狭小，缺乏卫生基本设施，更无采暖和给排水设施。各家在院内搭建小房子供做饭、储物，不然在夏天室内根本无法居住。这样就使原本疏朗的四合院变得狭窄。由于见缝插针式的屋前盖房，造成室内采光不足，通风不畅，根本不能满足现代的居住功能要求。

平遥城世界文化遗产的申报成功和当地经济和旅游业的发展，城内民居自然面临着保护与开发的新课题。平遥县政府为此做了保护性规划和旅游规划。但是，规划中的一些具体保护和改造措施，却从根本意义上影响着古城民居改造和开发的视觉质量。平遥古城保护规划将古城分了三个级别的保护范围：1.重点保护区；2.一般保护区；3.改造区。在具体的保护措施和改造方案中，有限的审美能力和刻板教条的审美观，严

平遥街巷

平遥民居

重地影响着古城保护与改造的结果及水平。

四、民居改造的审美观

审美观是随着社会和时代的变化而改变的，一些基本的审美认识是我们民居保护和改造中应具有的思考前提。

1.装饰美和历史美

中国传统建筑装饰是对建筑物外在可见的结构构件和非结构构件的形式美化。中国传统建筑为彻上露明造，凡构件之可见部分，几乎都加以美化，为保护木材，不仅所有构件表面都加以油漆，并且在柱以上、屋盖下重点地用彩色涂绘，装饰要做到如计成所说的"式徽清赏，构合时宜"。"式徽清赏"就是要忌繁琐，务简洁，给人以清新雅致之感。"构合时宜"就是要有时代气息，合乎时代审美观念和趣味。传统的装饰美的含义实际上与我们现代人的审美观并不矛盾，并且古代的人都会在建筑装饰上体现自己的爱好兴趣及家风追求。

平遥民居

平遥在旅游开发的大规模改造中，装饰没能真正地体现出美来。在一级保护区的部分民居和二级保护区下的大量宅院内，那褪色的彩绘、龟裂的漆艺、浑然一体的色调、岁月的流逝，从那淡淡忧伤的光影中道出了那段沧桑的历史，这是一种美，是一种文化记录。然而，改造后的大院，我们看到了鲜亮的重彩，覆盖了那段时间的刻痕。在街道上看到的是雷同的粉彩装饰，甚至不知道为何，在传统的设计下，家家门面挂起统一造型、统一大小的宫灯，这不能不说是一种文化的缺失。即使在有大的保护规划的制定下，审美的偏差也会把那段生辉的历史剥落得一干二净。在保护与改造中，装饰美是一种具体的美，是要对保护与改造的对象进行分析之后提炼的美，是一段时间的美。什么是保守的，什么是需改造的，每户民居的改造装饰应挖掘历史背景，留住遗存的文化，在美的选择和表现上，要既有大文化的统领，又要有鲜明的个性特色。

2.残缺之美和材质美

平遥民居

平遥古城的历史可追溯至距今2700多年的西周时期，从明清两代到民国末年至今，平遥古城不仅保存着古老完好的城墙，而且是集古寺庙、古市楼、古街道、古店铺和古民居为一体构成的一个古建筑文物群。随着旅游开发与改造的进行，改造者们缺乏一定的修缮认识，忽视了古建筑的文化品位和艺术内涵，盲目地进行补缺和重建，严重地损害了古建筑艺术的审美特质。在一些一级和二级保护区，宅门影壁被翻新补缺，大门、牌匾被换，大门口的石狮是新做的，地面铺得平整如新，背离了古建筑风貌保护和改造的原则。实际上我们修复的结果不是要营建一个新古董，那份原生态的沧桑韵味是一种残缺之美，是要得到保护的。而且，那旧的门窗、老砖墙的肌理和磨光的青石等等，处处透射出的是一种材质美。这种美是需要留住的。平遥民居建筑属木台架结构，寿命有限，在翻修的时候要将好的建筑构件编号整理，修复时尽量将其用到原处，该保护的地方真正做到修旧如旧的保护原则。有些构件虽然残缺，但不影响其使用和装饰功能，罗马市中心的古罗马斗兽场、法国塞纳河畔的旧火车站、老图书馆和德国海德堡的千年古堡，虽历尽风雨侵蚀，但仍威势犹存。残缺的建筑形态不仅能让人追思怀旧，而且是一种当代特定环境中审美的体现。

3.空间美和时尚美

平遥民居的空间序列，由宅门为起点，到院落、厢房、正房，再由垂花门到过厅形成由放到收的空间效果，通过一些节点的调节使空间产生了丰富的节奏和韵律美。它是一种群体组织的空间序列、层次和时间的延续，具有时空的统一性和无限性。由于旅游开发和经济发展的需求，部分民居的功能被置换为客栈和小型酒店。功能的改变带来了空间划分的改变，由于开发级别的不同带来的空间划分也不同，高端的民俗酒店不仅需要大厅、餐厅、会议室和套房，还需要配套的后勤用房等，因而把民居改造为特色酒店不仅从文化上是一个新的课题，而且从室内空间布局上也是一次空间创作的新内容，哪些需要保护，哪些不能改造，在改造过程中有很多问题仅依照大的保护规划是难以指导的。

空间美作为一个概念提出来，它既要符合保护规划大的指导思想，也要结合酒店的经营需求，它是一个新生事物，因而就要用发展的眼光去审视它。新文化的创造实际上是古城生命力的又一次延续，不能用教条的思想把任何古城的新生事物拉回到明清时代去思考。所以民居的保护与改造，除文物或一级保护区之外的，在不丢失古城文化神韵的基础上，一切空间都应该有再创造的权利。这才是一个发展的城市和走向进步的城市文化，就像上海新天地的石库门建筑群改造，人们对它的普遍评价是：外国人看了觉得很中国，中国人觉得很洋气，年轻人来了觉得很时尚。这是一种城市文化进步的通俗解释，在浓郁的地方文化之外有一股强烈的时代气息。

平遥也是一个国际化的小城，旅游功能的强化，使得古民居的改造必须遵循大的原则，同时也要再加创造。只有这样，才能让国际友人在感受到我们灿烂历史文明的同时，体会到我们小城市的健康发展。

在酒店室内改造的过程中，平遥大量民居没有从室内美学角度去考虑，只强调了功能，改造出了大量档次不高的狭小空间客房。改造本应是一种提升院落文化和空间美的一次阶段性飞跃，然而不加设计的改造，只能造成文化置后，产生让人遗憾的效果。保护和改造要以二次创造空间美的意识为主导，将民居的历史文化美与符合时代发展的空间设计美紧密结合起来。例如平遥云锦成的室内空间改造，整体分了两部分，一是建筑群落和历史保护性修复，二是室内功能划分和装饰设计。大厅空间的设计大胆地将两套院落的门面房合二为一，并将二层储物空间的中间部分顶部去掉，这样将两个五开间连通变为一个酒店大厅，既开阔了空间，满足了使用，又能将建筑顶面部分的原始构件、彩绘、木雕体现出来，将空间美、装饰美和结构美紧密地联系起来。大结构未被破坏，又在结构错落之间体现出了上下左右空间的流动美感，再加上不失晋文化神韵的装饰设计，强烈地体现了整体环境的时尚美。所以民居改造不仅要营造二次改造的空间美，也要体现当代文化的时尚美。

五、用发展的审美观保护和改造平遥民居

传统建筑的一面是历史的精华，另一面则是历史的局限。民居亦如此。新时代精神和要求是与传统互为矛盾发展的，民居的改造提升，无疑是要处理好这一组矛盾并有创造创新。我们要有明确的审美观导向，无论是人居类型的庭院还是功能置换的客栈，都应符合时代的要求。仅用明清时代的文化发展要求一座古城是不合时宜的，教条的。审美理解和片面理解都会给改造造成负面的影响。也不能用一成不变的条款去要求各种各样的功能化改造。社会的进步会带来观念的进步，发展的审美观是保证我们文化延续、城市文明水平提升的重要观念。

麒麟阁

麒麟阁

设计 / 王怀宇

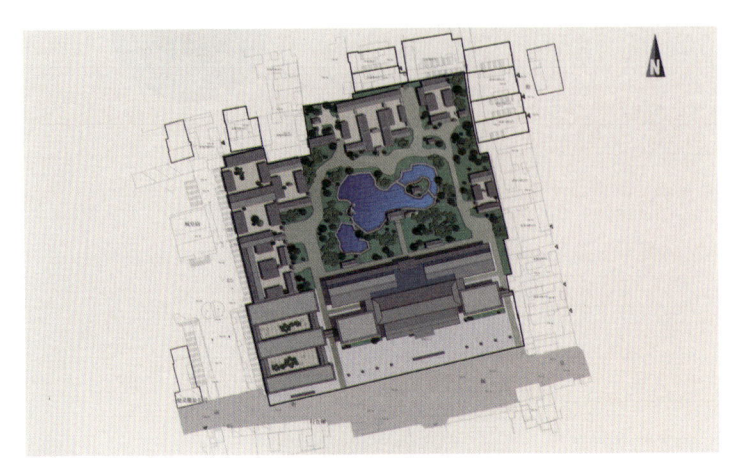

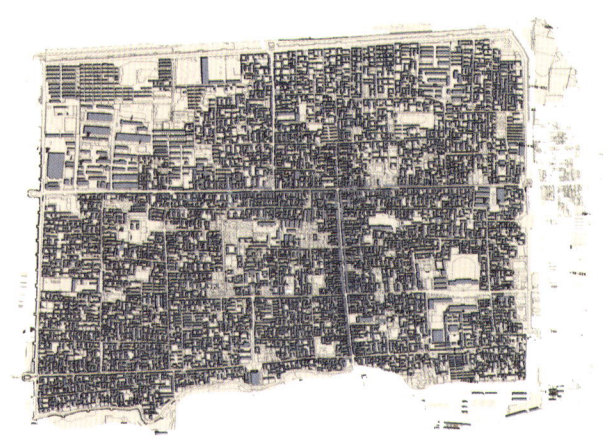

平遥古城

平遥中学旧貌

麒麟阁大酒店坐落于古城内最繁荣的街道之一——城隍庙街76号，项目占地共计30余亩，与文庙、城隍庙相邻。明清建筑风格不仅为酒店营造出不可多得的古建筑景观，而且在设计时独具匠心，努力将艺术元素渗透到每个细节，充分体现了晋商文化，集天时、地利、人和及古城之文化底蕴于一身，与平遥古城文化肌理融为一体，让每一个空间的使用者都感受到灵气之凝聚，心境之澄明。

本项目是将原平遥中学教学楼在保持古城原貌的基础上，改造成为集客房、餐饮、会议为一体的服务接待场所，具有大型的综合服务接待能力。进一步完善古城旅游服务的基础设施，提高综合接待能力和水平，以全新的餐饮文化理念来挖掘和发扬晋商文化，使之成为平遥古城文化旅游资源的重要组成部分。

根据总体设计，明清院落为6套、共计客房60间，建设民俗主题客房等，进一步完善了平遥接待高端客户的能力。其中总统套院1个，包括：客厅、两个卧室、四个卫生间、随员室、健身房、娱乐室、书房、餐厅、会议室等。同时建设明清古典园林8500平方米。

大饭店设置南、北、西南三个出入口，主要入口在南面的城隍庙街上，西南为贵宾出入口，北部为后勤、消防出入口。

麒麟阁酒店大堂效果图

麒麟阁酒店大厅

麒麟阁酒店大厅

原平遥中学旧貌

麒麟阁酒店鸟瞰图

平遥麒麟阁建筑原型为平遥中学教学楼，建于20世纪80年代末，为明清仿古建筑。平遥中学搬迁后改造为五星级酒店。该设计从三方面展开进行：

1.对建筑主体和外墙造型的仿古设计及配合酒店功能的扩建设计。原有建筑为20世纪80年代初的仿古建筑，整体造型虽有明清宫式建筑特点，但外立面及开窗设计为现代造型，因而，为使其能更加融入平遥传统建筑群落，在外立面的装饰文化和结构层次上做了明清特点的建筑装饰装修设计，使改扩建部分和原建筑的外立面浑然一体，与古城风貌更加协调。

2.针对原学校教室结构的特点，根据酒店功能做了大规模的空间改造设计。内容包括了大堂、走廊、公共空间到宴会厅、酒吧、文化餐厅以及餐饮包房、客房、健身房等，使其具备了星级酒店的功能配套设施。

3.针对酒店后院的空地及不协调建筑，做了中式古典园林以及传统民居院落的设计。古典园林以当地树种为主体，绿地下铺设地热设施，延长绿地在北方的时间周期，并使水体不结冰，延长景观美化周期。院落部分为传统建筑及装饰风格，在使用上以现代舒适的设施为主体，结合民俗文化特色，配套空间的使用改变了季节的不适应性，使得院落整体能四季如春，生机盎然。

院子景观效果图

总统院效果图

院子景观效果图

民国建筑效果图

酒店正面效果图

重檐歇山顶

"歇山"是清式叫法，在清代之前它又有"曹殿"、"汉殿"、"厦两头造"等不同名称。歇山式屋顶在具体形式上又有最基本形式的单檐歇山顶，以及变化形式的二层、三层或多层屋的重檐歇山顶，还有最上面的屋顶，可以不设正脊而形成卷棚式的卷棚歇山顶等多种形式。

屋面／屋面就是建筑屋顶的表面，它主要是指屋脊与屋檐之间的部分，这一部分占据了屋顶的较大面积，或者说屋面是屋顶中面积最大的一部分。

正脊／正脊是处于建筑屋顶最高处的一条脊，它是屋顶前后由两个斜坡相交而形成的屋脊。由建筑正立面看，正脊是一条横走向的线。一般来说，在一座建筑物的各条脊中，正脊是最长、最大、最突出的一条脊，所以也称为"大脊"。

正脊装饰／在我国古代的很多建筑中，特别是一些等级较高的建筑中，其屋顶正脊上往往设有各色装饰。除了常见的正脊两端的吻和正脊中心的宝顶外，在正脊的前后两个立面上，还会雕饰或塑有花、草或龙等。

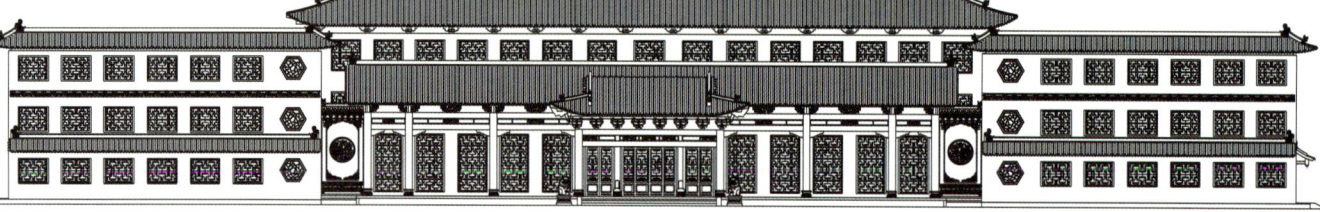

酒店正立面

酒店背面效果图

平遥中学正面旧貌

麒麟阁酒店，在从教学楼到酒店的改造中，还要考虑到"平遥古城"这个特殊的历史文化环境。更加值得一提的是酒店大楼与平遥文庙处在同一中轴线上，因此在设计中为了更好地将酒店大楼与同一中轴线上的文庙相呼应，保留了原来的歇山顶，同时在建筑前部入口增加了卷栅抱厦式样的入口。在立面上将现代元素去除，更新以明清民居风格的立面装饰，将酒店大楼尽可能融入"明清历史城镇风貌"中来。

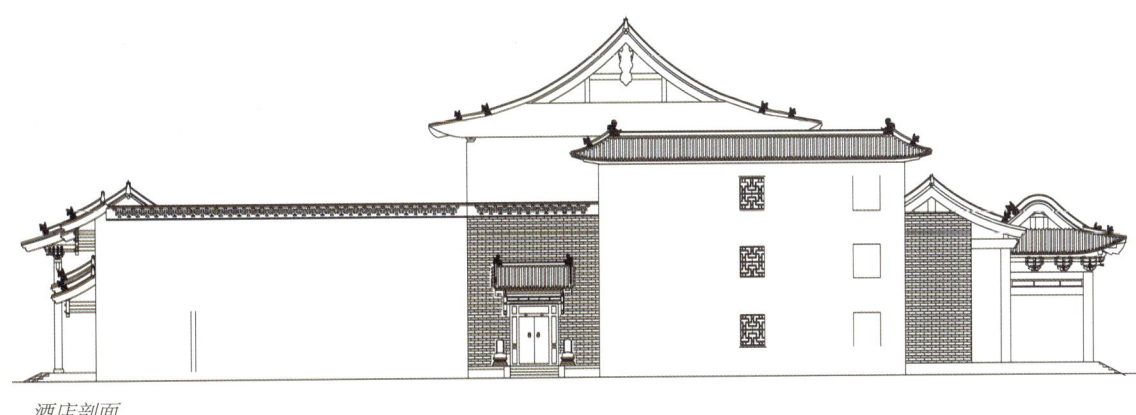

酒店剖面

麒麟阁/接待空间

麒麟阁的接待空间是酒店的灵魂。酒店的接待空间担任着酒店的迎宾、登记入住、结账离店等重要功能。麒麟阁的接待空间布置在酒店主楼的一层，在空间的设计上采用了一种现代中式风格，同时又强调了地方传统工艺在空间中的装饰功能。

麒麟阁酒店大堂

推光漆

山西著名工艺品平遥推光漆器外观古朴雅致、闪光发亮，绘饰金碧辉煌，手感细腻滑润，耐热防潮，经久耐用，为漆器中之精品。推光漆器是我国四大名漆器之一，以手掌推光和描金彩绘技艺著称。它始于唐开元年间，盛于明清，距今已有1200年的历史，历来是三晋名产，平遥三宝之首。

平遥推光漆器的生产，分木胎、灰胎、漆工、画工和镶嵌等五道工序。木胎车间使用松木做出各种家具的木胎后，灰胎车间就用白麻缠裹木胎，抹上一层用猪血调成的砖灰泥，这叫做"披麻挂灰"。漆工车间的工序是非常细致和复杂的。在灰胎上每刷一道漆，都要先用水砂纸蘸水擦拭，擦拭毕，再用手反复推擦，直到手感光滑，再进行刷漆，多则刷七遍，少则刷六遍。其后的推擦就更细致了，先用粗水砂纸推，再用细水砂纸推，用棉布推、丝绢推，卷起一缕人发推，手蘸麻油推，手蘸豆油推，掌心反复推。凭眼力，凭心细，凭感觉，凭次数，推得漆面生辉，光洁照人。绘饰有山水花鸟、亭台楼阁或人物故事，工序细致复杂。做好的漆器具有构造精细、漆面光洁、彩绘富丽、防潮防热等特点。

酒店大堂的接待前台，就是参考推光漆工艺设计并用传统推光漆工艺制作而成的。其目的是在细节之中推广平遥优秀的传统文化。

麒麟阁酒店接待前台

平遥传统工艺推光漆首饰盒

麒麟阁大堂通道

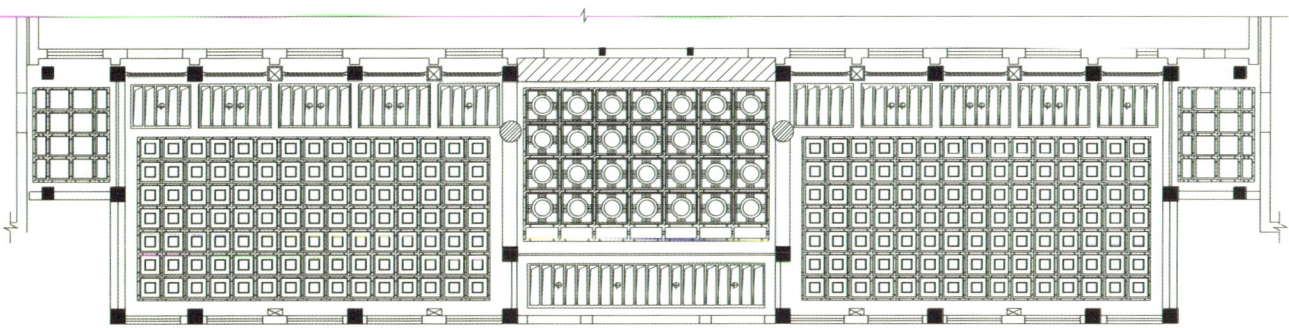

酒店大厅顶视图

酒店大厅效果图

天花

　　天花在建筑物内的作用是遮蔽梁以上的部位。同时，天花还具有遮挡灰尘的作用。现代建筑中的"顶棚"比之古代的"天花"要简单得多，但实际的作用相仿。天花的做法和装饰非常丰富多样，而在使用上也非常讲究，有不同的等级。

　　天花的基本形式，是用木条做成若干方格，然后在上面铺板，上面可以做各种装饰，或是彩绘，或是雕刻，非常漂亮。

　　早期平棋的方格都很大，使用的木条也较粗，并且方格大多是长方形。辽、宋至明代时，也还有长方形方格的平棋，后来方格逐渐缩小，并且渐向方形转变，到了清代几乎全部成了一色的正方形方格。

酒店大厅效果图

动态雕塑

使用线形的造型，悬在景观水池之上，形成的这个动态的形体，我们将其称为动态雕塑。在空间中动态雕塑随着重力、气流而轻盈摆动，与大厅背景一起发生变化，能够很好地起到装点空间的作用。

影壁驱鬼聚气

走进平遥民居大院的大门，正面对着的就是影壁。不论富贵人家还是一般家庭，都少不了这一面影壁。影壁古代称为"萧墙"，旧时自家人起冲突被称为"祸起萧墙"。

为什么要建影壁？有这么一个趣味十足的说法：从前人们认为，孤魂野鬼往往会从门缝溜进宅子，并带来灾祸。所以人们在大门后面建影壁，一旦鬼钻进门后，突然看到自己的影子，便会惊慌失措地逃逸。

除了"防御鬼"这样深具民俗色彩的作用之外，影壁也有遮挡外人视线的实际用途，即使大开着门，外人也看不到宅内的情形。这种隐蔽性，还可以烘托气氛，增加住宅的气势。

独立影壁

四岔装饰
位于壁心四角的三角形浮雕，是一种砖雕形式的装饰。

柱子
影壁两侧凸起柱子状的砖雕装饰，柱子下还有柱础装饰。

匾额壁心
影壁中心不用砖雕图案作为装饰，而是以砖雕的匾额作装饰。

硬心水磨砖铺底
用水磨砖镶嵌的影壁壁心叫做"硬心"。

民居院落大门内的照壁有独立照壁和跨山照壁两种形式，这是一个满构图由砖雕组成的独立照壁，是照壁中艺术性很高的一个实例。

麒麟阁/阳光酒吧

阳光酒吧是酒店的一处趣味性的空间。阳光通过顶部的天窗引入室内，与室内的植物一同为为室内空间增加了生活的气息。

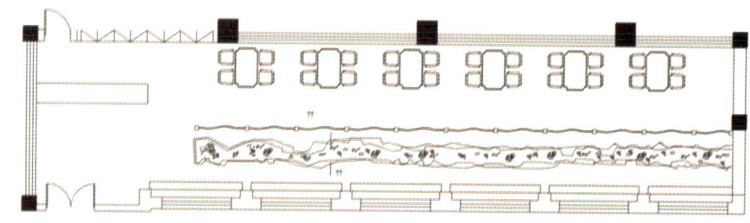

阳光酒吧平面布置图

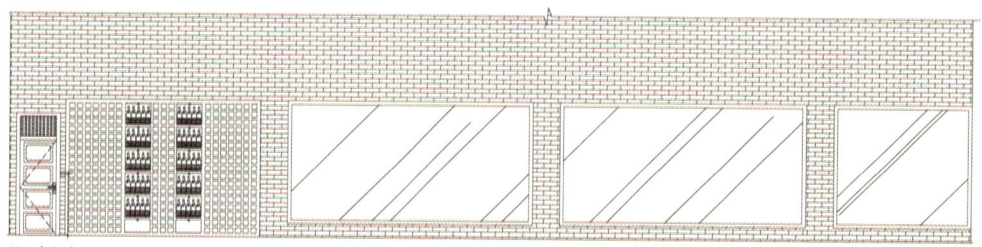

阳光酒吧效果图

阳光酒吧立面图A

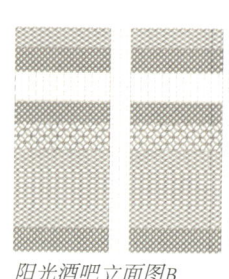

阳光酒吧立面图B

阳光酒吧立面图C

阳光酒吧立面图D

麒麟阁/文化餐厅

文化餐厅是酒店空间中的亮点，在空间的设计上不是以往通透的设计，而是使用一系列的隔断，将空间分割成一些小的单元。室内家具的选择上，也采用了中式的家具和陈设。在室内环境的软装饰中，使用了一些植物和布艺，使空间充满了情趣。

文化餐厅效果图

麒麟阁/餐饮包间

竹简包间

包间是为一些要客准备的相对独立的餐饮空间，在设计上，这样的空间具有相对的独立性，在设计的内涵上，要符合客人的审美需求。"竹简包间"就是这样一个相对独立的的餐饮空间，在设计上，通过包间弧形墙面，制作竹简的造型，同时刻画有竹简文字。

竹简包间效果图

算珠包间效果图

麒麟阁/宴会厅

位于一层的宴会厅是酒店餐饮空间中的重中之重，在空间的设计上强调了一种端庄大气的视觉感受，同时又贯穿了整个的现代中式设计理念。

宴会厅效果图

麒麟阁/客房

客房效果图

客房效果图

客房实景

历史民居建筑改造中的色彩设计

历史民居建筑改造项目的色彩设计是改造设计工作的重要组成部分。对历史民居建筑色彩的鉴定分析是改造项目色彩设计的重要依据，对改造项目色彩设计进行科学合理的控制与引导，最终通过改造项目的色彩设计达到对传统文化的传承作用。

近年来，历史民居的保护与开发越来越被设计界所关注，我国有很多传统民居建筑，比如平遥古城、京城四合院和丽江古城等。随着社会的发展和人们生活水平的提高，大量传统民居已不能满足人们生活水平的需求，有的已被废弃，有的还在残破地使用，然而城市的发展决不能是大拆大建地发展。历史民居建筑的改造和再利用，从文化保护的角度出发，应当从两个方面理解。（1）维修维护历史民居建筑原真痕迹。这就是在维修和维护历史民居的过程中，对民居建筑的历史风貌的尊重，在技术和材料上保持古法营造。（2）针对民居建筑在新的使用功能上作出新的空间整合。纵观国内外那些对传统民居保护得非常成功的历史文化城市，它们对传统民居采用的保护方法就是经过适当维修与改造，通过功能置换让它们具有或适应新的城市使用功能。其实质就是挖掘、拓宽传统民居在新时代的新功能和新价值，通过适度的功能置换实现对传统民居的"再利用"。在一系列的城市传统民居的"再利用"活动中，又衍生了很多民居改造项目的设计问题。本文将从传统民居的历史风貌色彩研究入手，探讨在改造项目中的色彩设计。

一、对历史民居建筑色彩的鉴定分析

1.色彩定性分析与色彩定量分析

正因为历史建筑与色彩间的千丝万缕联系，使得色彩设计成为把握历史民居建筑改造时的不可忽视的要素，这对继承和发扬建筑文化传统、保持传统街区的文化风貌有重要意义。具体的，我们可以通过色彩定性分析、色彩定量等步骤来确立改造中色彩的引导和控制。

色彩定性分析是对历史民居建筑色彩的现状及形成根源的探索，是确定色彩设计的第一步，其内容应包括区域地理环境、人文特征和建筑材料等综合要素的色彩特征，并能深入地了解到其背后的政治、经济、文化等制约条件。改造项目色彩定性分析着重把握视觉印象，并深层次地挖掘城市中建筑色彩的历史根源，剖析建筑色彩的特殊性和必然性，把握古建筑的历史精髓。

其次，调研过程中的色彩记录不能仅仅依靠简单的语言描述，色彩测量是色彩定量分析的重要手段。NCS色彩测量仪是目前比较理想的物理色彩识别设备，同时应配合色卡或色标，让被调查的历史民居建筑的色彩定量分析整理有序。

2.北京历史民居建筑色彩的鉴定分析

北京四合院是北京历史民居建筑的典型代表。从宏观尺度来观察北京历史民居建筑，古老的四合院以组群的形态展现在城市中。大面积的坡屋顶覆盖着灰色的瓦片，与建筑的青灰色清水砖墙，形成北京四合院所特有的灰色调建筑群，显示着一种朴素的城市平民文化。同时，灰色调也很好地衬托着紫禁城的金碧辉煌。北京四合院民居建筑群从宏观上的色彩鉴定分析是：无论从色彩的明度还是色彩的纯度上都是高度统一的灰色调，弱对比，色彩的明度分析为中短调，色彩的纯度分析为低短调。

从微观尺度来观察北京历史民居建筑，在北京古老的胡同中，红色的四合院大门在青灰墙界面中交替出现，灰色的谦和把浓重的红色强有力地推入人们的视野里，给人强烈的四合院红门印象。步入四合院，在灰墙的衬托下，我们可以看到浓重的红色、绿色等装饰色彩，给人以灰调浓彩的视觉感受。灰调是灰瓦和青灰色砖形成的；浓彩则是指点缀其间的高纯度的红色大门和青绿建筑彩画等，它们巧妙地组合在一起。北京四合院色彩群大体可以归纳为以青灰色为主色，大红色为搭配色，

117

绿、蓝、金色为点缀色的色彩组合。这样的色彩运用与厚重的建筑形体相搭配，更凸显了北京四合院的庄重大方和古朴典雅。北京四合院民居建筑从微观上的色彩鉴定分析是：灰调浓彩，在高度统一的灰色调基础上有高度纯度的色彩对比；色彩的明度分析为中长调，色彩的纯度分析为低长调。

对北京历史民居建筑色彩的鉴定分析可以得出结论，北京四合院民居建筑是以宏观的"灰沉沉"与微观细部装饰的"鲜艳"所形成的强烈对比来达到艺术审美、社会秩序、文化观念的统一，体现着北京历史、地域所形成的色彩风貌与城市平民的审美需求之间的差异。这些古老的四合院的魅力所在就是在这些不同环境因素的色彩融合中得以展现。对历史民居建筑的色彩鉴定分析不仅要把握这种色彩的现状，而且还要深挖其内在文化内涵。

二、改造项目中色彩设计的定位

1.色彩控制与引导

历史民居建筑改造项目的色彩设计要求设计师或操作人员能够科学准确地把握色彩。色彩控制是对历史民居建筑改造中用色的指导性原则，也是色彩设计的重要任务。许多国家都通过建立色彩数字化标准来控制历史民居建筑群的色彩风貌，这也使设计师们越来越感受到色彩交流方面对"共同语言"的要求。目前国际上体系完善、运用成熟的色彩体系主要有自然色彩体系NCS、日本色研配色体系PCCS、孟塞尔色彩体系MCO、德国DIN色彩体系等。我们可以运用色彩标准对历史民居建筑的改造进行精确的色彩控制，同时也可以进一步规范改造项目中的用色和用料。

除了民居改造的色彩设计应有以色彩标准为依据的色彩控制的指导性原则，同时，在改造项目的色彩设计也应有创造性的引导性原则。如灰砖青瓦的民居，在静谧安详中透露着千年的凝重与幽远，对于影响范围内的改造项目色彩设计活动不必全部强求建筑材料的复古，但用料的色彩与肌理必须与历史的景观感受趋同，这是一条重要的引导原则，并在这一前提下，应有时代色彩的碰撞与实验，针对项目进行色彩的协调

性对比。这对改造历史建筑的风貌非常重要。因此，历史民居建筑改造项目的色彩设计在宏观上应当严格进行色彩控制，即以色彩标准为依据的用色指导性原则；在微观上，在保持民居建筑历史风貌的前提下，应当有创造性的引导性原则，为改造项目的色彩设计提供艺术创作的空间。

2.对历史民居建筑风貌的色彩控制

晋中民居院落是山西民居的代表，多为传统民居建筑群。从高处俯瞰，院落相连，屋顶相互搭接，悬山顶、歇山顶、硬山顶、卷棚顶等均以灰瓦覆盖，平面顶也为灰色；墙体多由青砖砌成，单坡屋顶以灰瓦覆盖，二者赋予晋中民居院落灰色的整体色调。大面积的灰瓦屋顶、灰墙和栗色的门窗，形成明度对比，为中中调的灰色调。在晋中民居的细部上呈现出的色彩特征是灰调重彩。灰调是灰瓦和灰色砖形成的，重彩则是指点缀其间的明度很低的栗褐色、褐黑色的门、窗、真金彩绘等。砖雕、石雕整体上是砖石的本色，木雕色彩和窗户色彩一致为栗褐色，典雅大方，外露柱子色彩比门窗更深，为褐黑色。在木石本色、栗褐色、褐黑色的点缀之下，铺天盖地的素色砖墙不仅没有褪尽颜色的乏味感，反而相映成趣，增添了晋中民居院落灰色调的古朴与庄严。因此，在晋中民居院落改造的色彩控制应当以色彩明度上中中调、色彩纯度上低长调为控制原则；在用色体系上是以木石本色的灰褐色为主，有一定面积的金色、栗褐色、褐黑色的低纯度低明度的色彩对比，在细部上有高纯度的色彩作为装饰，即为协调性对比。因而，色彩设计的创造引导性原则会为色彩设计的创作留下了广阔的空间。

三、文化传承是改造项目中色彩设计的根本任务

历史民居建筑以多种形式的物质载体将传统文化呈现出来，比如民居建筑的布局、样式、装饰的风格、传统的用色，这些虽然属于物质文化领域，但它的形成过程涉及了多种形态的文化内容，其中主要包括历史、民族、地方等深厚内涵。因此，历史民居建筑改造的色彩设计实际上是传统文化整合的过程，具有很强的地缘识别、人文识别作用，这是非常具有人类学意义的。时代在发展，新的时代对建筑与色彩有新的要

求。在充分实现实用功能的前提下,把握好民居建筑改造的精髓,才能成功地创造出有文化特点和文化精神的色彩设计来。因此,色彩设计对民居建筑的改造和文化传承起着重要的作用。

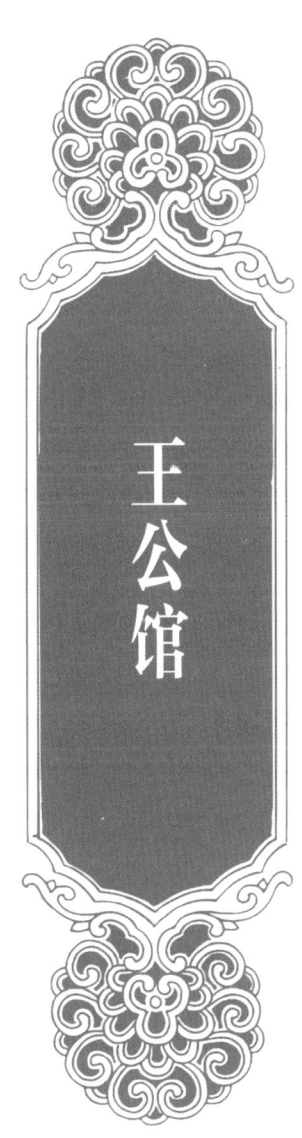
王公馆

王公馆

设计 / 高兴玺 王怀宇

该项目是一所主题性餐饮会馆，总建筑面积3850平方米。

王公馆是太原市北部的历史建筑，建于民国时代，是非文物保护的历史建筑。对王公馆的更新在于对其在功能上进行调整。王公馆在历史上是私人住宅，新中国成立后划归国有单位使用。王公馆历史建筑的更新，通过功能置换，将以商业为主导的餐饮住宿功能引入到历史建筑的空间中去，同时在项目策划时，安排具体的使用功能尽可能接近历史建筑原来的使用功能，将餐饮和住宿功能安排在原作为私人住宅的历史建筑。通过对王公馆历史建筑功能的更新，这座近百年的历史建筑在新时代中继续发挥自己的光芒，继续向人们展示它所承载的历史。

项目配有大小包房、客房、棋牌室和咖啡茶座，具备小型会议和商务洽谈空间。整个会馆在原有民国宅院的基础上做了保护性的修复，充分发挥了历史建筑的商业价值，并结合周边空间营造了一所具有典型民国文化的餐饮空间。

王公馆入口效果图

王公馆接待大厅

民国遗韵——近代太原城市风貌民国遗韵

回顾一种文明发生与演化的历程，离不开考察它的空间形态。对应于人类文明四大基本活动的衣、食、住、行，其中"住"的空间形态就是建筑。中国古代建筑作为中国传统文化的重要组成部分，从原始社会末期和夏、商的萌芽与发育，经秦汉的成型，一直延续到宗法社会末期，其建筑体系首尾连贯、一脉相承。

鸦片战争后，还处于农耕文明下的中国建筑，开始向西方列强影响下的近代工业文明建筑过渡。而洋务运动则进一步使延续了数千年的中国古代建筑转入近代建筑的发展阶段。蕴藏着丰厚历史文化遗产的太原，此时在西学之风的影响下接受并兴建了大量具有政治、文化、经济、军事等功能的典型意义的建筑。

1870年到辛亥革命(1911年)，随着封建社会的衰败和外国资本主义的侵入，太原地区出现了仿西方古典复兴手法的新古典式建筑，最早的是外国侵略者进行文化侵略时建造的教堂类教会建筑。1890年，太原地区开始兴办现代工业，伴随着封建经济的瓦解、社会政治和文化领域的变革，各种新型行政及文化教育建筑相应出现。1911年至1937年，官僚资本主义及民族资本主义得到较快的发展，是太原近代建筑的一个重要发展阶段。随着工业建设的不断推进，工业建筑的结构和设备也有了一定进步，除砖木结构外，也逐渐采用了砖混结构、钢筋砼结构和钢结构。随着正太铁路和同蒲铁路的通车，太原商业迅速发展与繁荣，商业建筑也随之兴起。从1937年11月太原沦陷，到1949年4月太原解放，因战争的破坏、日军的抢夺以及解放前夕阎锡山政权的垂死挣扎，使太原的城市建设遭到严重破坏，建筑活动基本处于停顿状态，近代建筑的发展走向衰落。

目前，太原城里依然保留有许多优秀的近现代建筑：山西大学堂、督军府、山西国民师范旧址、赵树理故居、太原市文瀛湖畔辛亥革命活动旧址、山西省立川至医学专科学校旧址、太原天主教堂、革命烈工纪念碑等标志性建筑。由此可见近代以来太原建筑业的巨大发展及其历史价值。

王公馆旧貌（一）

督军府——钟楼街历史文化区

太原市有五片历史文化风貌区，分别为：文庙——文瀛湖历史文化风貌区；督军府——钟楼街历史文化风貌区；城西水系历史文化风貌区；迎泽大街历史文化风貌区；小东门街历史文化风貌区。王公馆历史建筑就属于督军府——钟楼街历史文化风貌区。

督军府——钟楼街历史文化风貌区北起东缉虎营，南至钟楼街，西起通顺巷，东至柳巷北路。督军府旧址原为晋文公庙，北宋初改为帅府衙门，辽时为西京道衙门，金时为河东、西京两路衙门，元时为行中书省衙署，明清时为巡抚衙门，辛亥革命后为都督府。1916年阎锡山任山西省督军，以此作为督军衙门，又名督军府。其建筑充分表现了中国建筑承上启下、中西交融的特色。钟楼街一带具有丰富的传统业态和历史遗存，作为太原府城自宋以来的商业街道延续至今，沿街还保留有大量民国时期形成的商业老字号、四合院民居，街巷里弄风貌犹存。

王靖国与王公馆

王靖国公馆位于太原市杏花岭区西华门街6号，始建于20世纪20年代，最初为阎锡山十三高干之一的李冠洋兴建，后转手给王靖国。

王靖国（1893—1952），字治安，号梦飞，乳名村喜，山西省五台县新河村人，抗战时期的十三集团军上将司令，阎锡山的铁军组织的掌门人。童年受业于本村李怀清；1918年，保定军官学校第五期步科毕业，投身晋军。与李服膺、傅作义、赵承绶、李生达等结为金兰，人称阎锡山的"十三太保"。

1934年蒋介石到山西五台县河边村为阎锡山父亲祝寿，途经太原时，在王靖国公馆下榻。王靖国出生于五台县新河村一个世代务农的家庭，由母亲抚养成人。在那个年代里，一个农村寡妇扶养一个遗腹子的艰辛可想而知，正因为如此，蒋介石寓居王公馆期间，拜见了王靖国的母亲，对王母行鞠躬礼并亲笔题词，盛赞王母懿德。

1936年红军东征时，阎锡山向蒋介石求援，蒋命陈诚率部增援，王靖国公馆曾被用作陈诚的司令部。

1948年冬，解放军进至太原外围，阎锡山将残余部队整编为两个兵团，王靖国任第十兵团司令，兼太原守备司令。阎锡山飞往南京商讨和平谈判中有关山西的问题，临行前将军政大权交给五人小组负责。离开太原的阎锡山再也没有能够回来，梁化之和王靖国成为太原守军最后时刻的最高指挥官。阎锡山离晋后，王靖国以五人小组成员之一代表阎锡山掌握兵权。1949年4月24日解放军攻进绥署，王靖国做了俘虏，1952年，病死狱中，终年59岁。

王公馆旧貌（二）

王公馆旧貌（三）

王公馆旧貌（四）

太原解放后，王靖国公馆被收归国有，成为机关单位办公用房，其中正院、东院和西院由太原市百货公司使用。20世纪80年代以后，随着旧城改造在全国范围内的兴起，省城老城区传统民居被大片拆除，这座昔日占地面积约5亩的大院，亦在一些使用单位的拆除改建工程之后，仅留存百货公司所占正院及东西两个跨院，长达50多年的使用中，百货公司除将东院部分房屋拆除改建了一座锅炉房外，再未对院内其余建筑动过"大手术"。因而虽有地基下沉、墙面裂缝、屋顶塌陷等问题，但整个四合院的房屋建筑，原有格局和建筑风格并无大的改变。相较省城现存同时期的其他民居，这座四合院虽然不无破败之态，但其高大敞阔的架构和建筑细节的考究，以及跨院内幽暗的防空洞和不知其所向的地道，无一不在讲述着昔日主人非同一般的权势和地位。

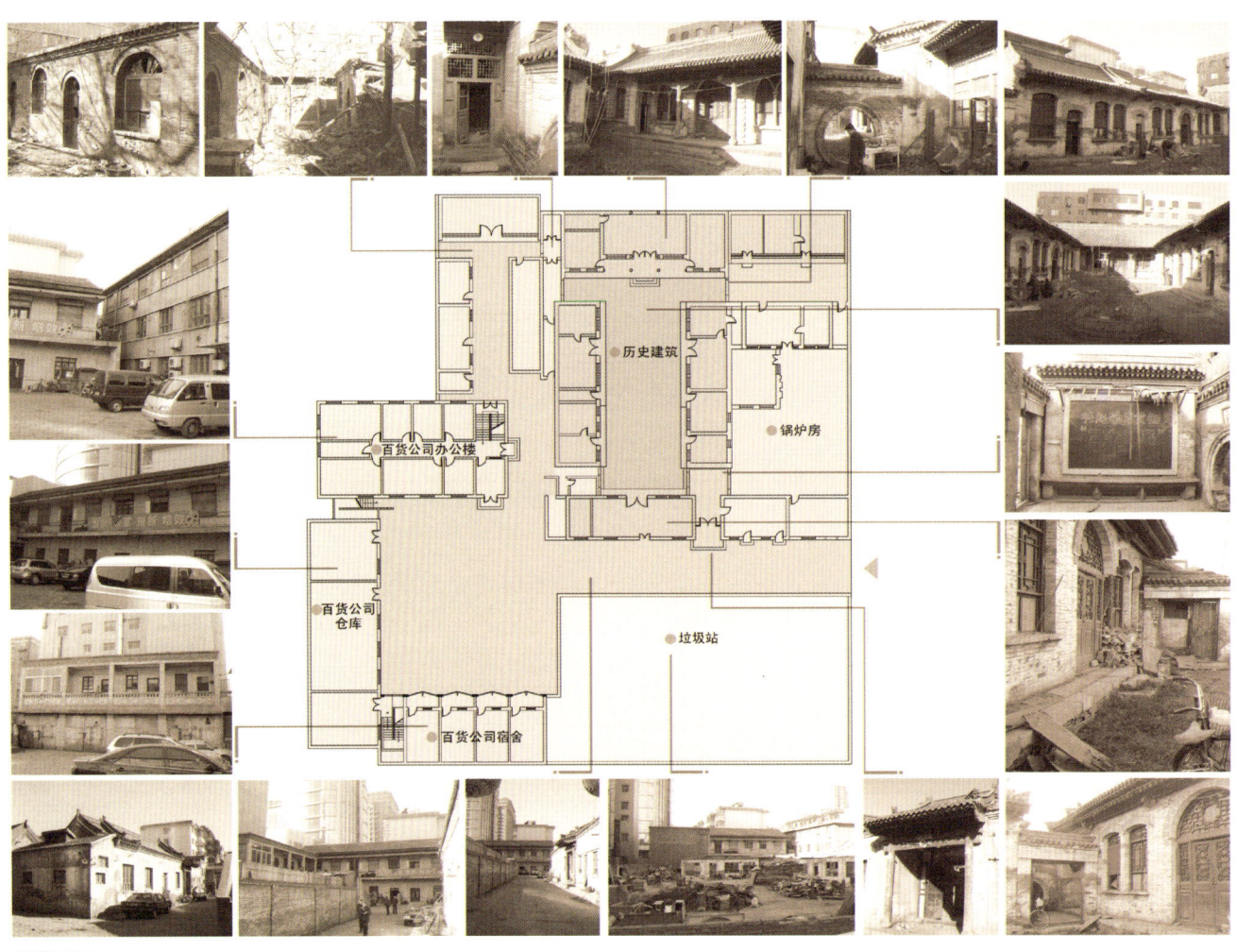

原貌布局

民国时期的太原建筑在建造的过程中，一方面引进国外的建筑形式和先进的建筑技术；一方面继承、借鉴、发扬了传统建筑的风格，大大丰富了中国传统的以木结构建筑为主体的建筑形式。新的建筑体系包括从西方引进的和中国自身发展出来的新型建筑，具有近代的新功能、新技术和新风格，其中即使是引进的西方建筑，也不同程度地透着中国特点。这种新建筑可分为三种：第一种是传统式，这类建筑从整体格局到细部装饰保持传统建筑的形制；第二种是混合式，这类建筑的平面布局和空间组织重功能性，外观则是"中西合璧"的，王公馆就是属于这种类型建筑的；第三种是"现代式"，当时称为"现代化中国建筑"，这是具有新功能和采用新技术、新造型的建筑，主要采用砖木混合结构，以西方古典构图为基础，突出轴线，强调对称，注重比例。

民国建筑是近代中西文化理念和建筑文化交融发展过程中的产物，是社会和城市在近代发展的见证与写照，是历史留给我们的宝贵遗产。我们从历史的角度去研究、评价、欣赏和借鉴，可以从中吸取到丰富的知识。太原是全国范围内保留民国建筑数量较多的城市之一，这些建筑彰显着太原城的风貌，反映出太原城深厚的历史文化底蕴，是近现代城市社会生活的载体，具有城市历史文化和城市近现代文明的双重价值，值得我们用心去珍视和保护。

原貌图

现貌鸟瞰效果图

从20世纪90年代起，先后有多家房地产开发商与太原市百货公司联系地皮转让事宜，因为不忍心让老院在自己手上被损毁，百货公司负责人始终未做积极回应，西华门6号方得幸存至今。但是闲置多年的这座老四合院，终究敌不过岁月的侵蚀，也已出现了地基下沉、墙面裂缝、屋顶塌陷等问题。此次，由民营企业投资数千万对这所旧居的修复改造已经完成，现更名为王公馆酒店，并开始营业。

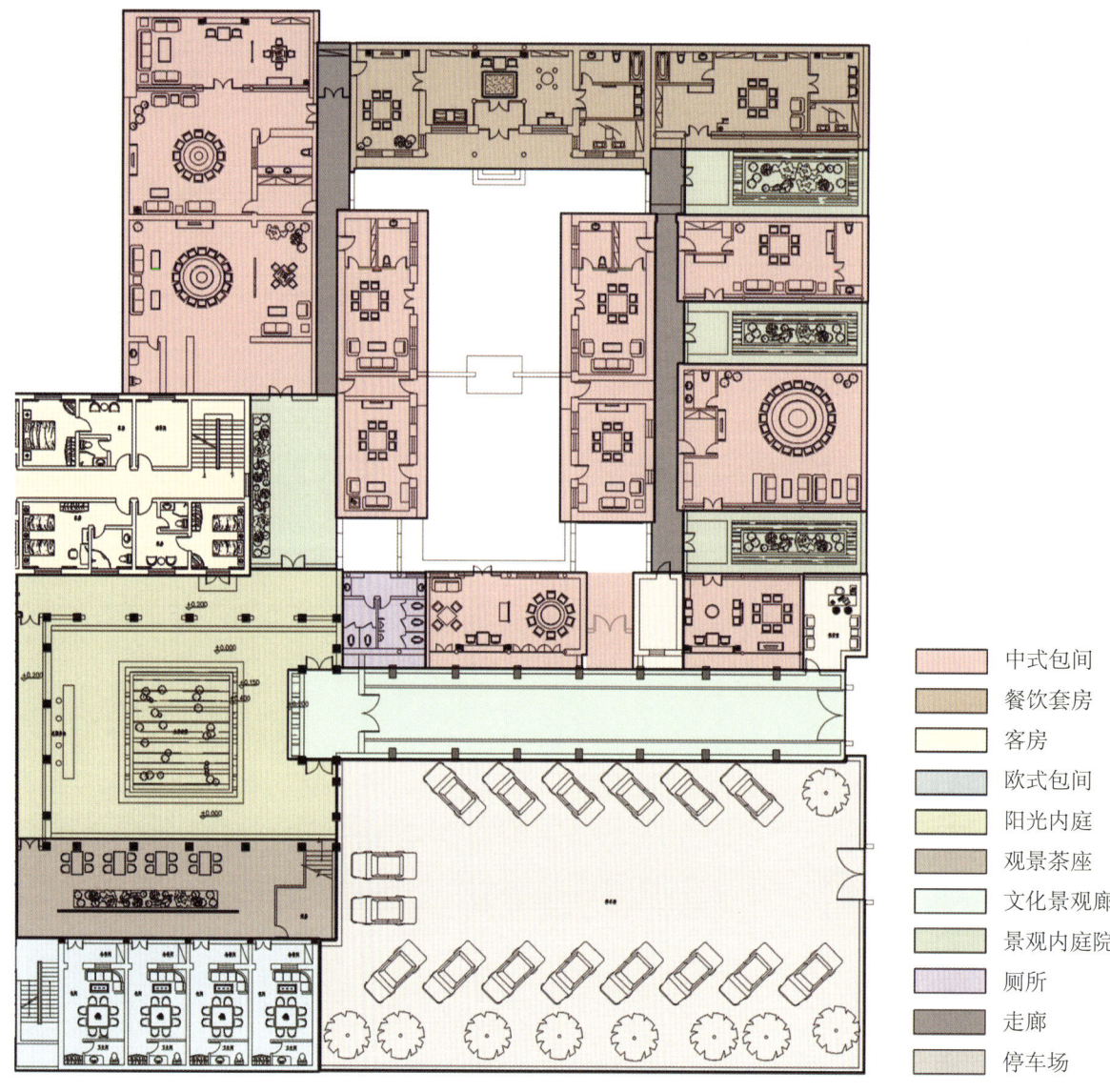

图例：
- 中式包间
- 餐饮套房
- 客房
- 欧式包间
- 阳光内庭
- 观景茶座
- 文化景观廊
- 景观内庭院
- 厕所
- 走廊
- 停车场

分区

从建筑设计上分为历史建筑保护空间和会馆功能扩展空间，扩展空间由3座20世纪80年代的旧楼整合改造而成，分成会馆大厅、观景茶座、包房、客房、棋牌、会议室、办公室及景观长廊等区域。充分满足了小型会馆的功能要求。

交通

围绕消费功能和服务功能设计出了便利的送菜和服务通道以及客人的流通路线，做到了庭院深深、院院相通。

历史建筑更新设计

围绕原有遗存建筑做了详细的建筑测绘，在此基础上做了结构加固和原有建筑的图纸设计，修缮和恢复了原有建筑的基本面貌，并在周边遗址上做了古建院落的设计补充，形成主院、偏院的整体布局。

古院落鸟瞰效果图

古院落华灯初上

王公馆接待大厅

新建、改扩建设计

针对原有旧楼设施的老化和空间不合理性以及年久失修的残败面貌,用钢结构做出大跨度的大玻璃天窗,将三座旧楼整合到一起,有机地配合了会馆的功能要求,并围绕民国建筑文化特色做了整体的外装饰设计,使不同时期的建筑外观浑然一体。装饰材料基本以常规建材为主,有原木、钢板、青砖、砂岩、青石、玻璃等。

太原市百货公司旧貌

王公馆前门夜景

王公馆前门入口注重历史时代的可读性，将旧貌中不符合"王公馆"历史定位的信息统统去除，只留下纯粹的入口功能。设计时，将民国时期近代建筑风格设计于此。

高高的匾额，大红的灯笼，威严的石狮，舶来的铁艺大门都仿佛是在演绎着历史。

大门门头外立面

太原市百货公司入口旧貌

王公馆旧貌

景观长廊

王公馆/景观长廊

从消费环境的卫生和舒适角度考虑，结合北方的气候特点营造了大小庭院景观，做到了会所内部空间四季如春、水声潺潺。并从文化角度挖掘设计了大量景观元素，从中庭的欧式门窗到景观长廊的砖雕石刻等，无处不在地体现出民国时期中西文化的交融，特别是大厅原创的龙纹风铃吊灯将雕塑的象征意义与灯具的实用价值结合起来，让历史文化在建筑景观中流动起来。

景观走廊是连接王公馆入口和大厅的空间。步入充满近代色彩的铁艺大门，就来到了景观走廊。景观走廊作为重要的内部交通空间，它的尽头连接着大厅，同时还联系着停车场和古院落。景观走廊一如既往地采用了大厅的设计手法。将顶部用采光顶棚封闭起来，同时巧妙地将建筑的结构和灯具的设计结合起来。水景的使用是必不可少的，喷水、流水和象征吉祥的金鱼以及透过天窗洒落的阳光将空间赋予生命。

王公馆古院落入口与景观长廊

太原市百货公司通道旧貌（一）

太原市百货公司通道旧貌（二）

景观长廊效果图

在王公馆历史建筑的更新中，对材料的使用是十分细心的。由于功能的调整，必然会使用许多新材料。正是有了这些新材料，才能使历史建筑空间实现功能上的更新，同时赋予历史建筑空间以时代的意义，让优秀的传统文化在新时代中得以传承延续。

景观长廊原貌

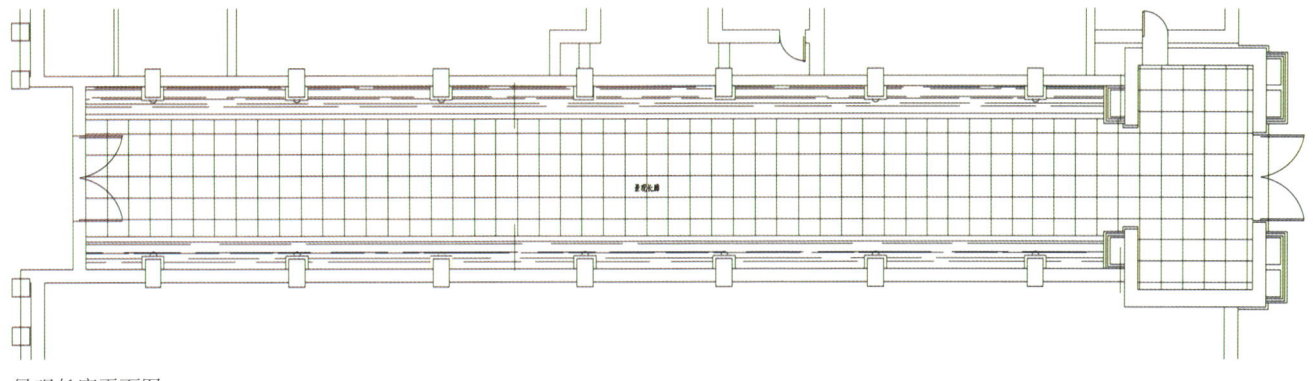

景观长廊平面图

景观长廊立面图（一）

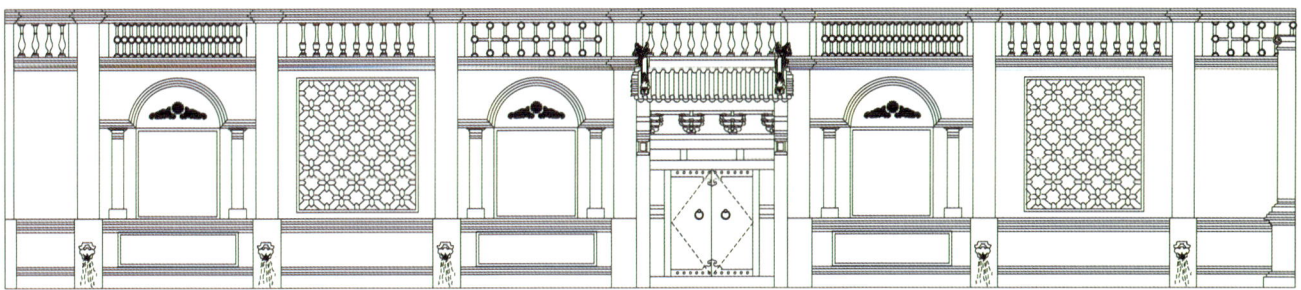

景观长廊立面图（二）

抱鼓石

抱鼓石一般是指位于宅门入口、形似圆鼓的两块人工雕琢的石制构件，因为它有一个犹如抱鼓的形态承托于石座之上，故此得名。抱鼓石民间称谓较多，如：石鼓、门鼓、圆鼓子、石镙鼓、石镜等。在传统民宅大门前很常见。在传统牌楼建筑中也有类似抱鼓石的夹杆石，它是牌楼建筑所特有的重要构件，主要是起稳固楼柱的作用。宅门抱鼓石是门枕石的一种。

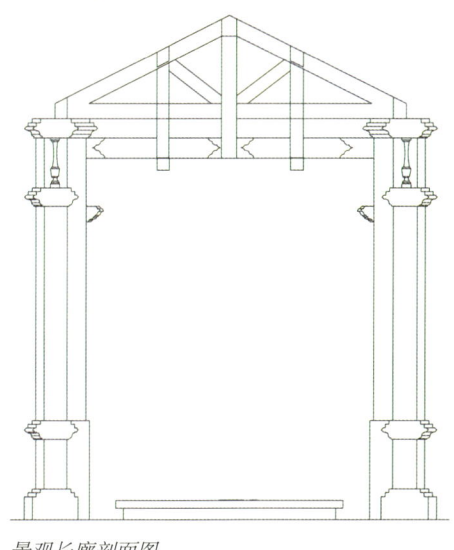

景观长廊剖面图

景观长廊夜景

景观长廊门头外立面

王公馆/接待大厅

　　王公馆接待大厅是借三栋现代建筑的立面围合的空间所形成的，同时封闭了采光玻璃天窗。这样的一个大厅空间既有室外的通透，也有室内空间的围合感。采光玻璃天窗可以很好地将室外光线引入室内，同时玻璃天窗的结构为支撑大型的造型灯具提供了很好的受力条件。在中厅的地面，将景观的元素引入室内。跌水幕墙和景观水池二者很好地将静态水景和动态水景结合在一起，跌落的水声与水中的睡莲将人们引入了胜境之中，使亲临王公馆的每个人的身心充分地休息下来。

王公馆接待大厅效果图

王公馆接待大厅

接待大厅檐廊

在券式檐廊的后面，又是空间的一处亮点。立面的设计自上而下地贯穿了欧式新古典主义风格。这种风格在欧洲最早是由文艺复兴的建筑风格演化而来的。随着1840年以后，中国国门被资本主义列强打开，文化和思想进一步受到冲击。在建筑上这种新古典风格与本土建筑相结合，形成了特有的民国骑楼的建筑风格。但我们仍然可以看到文艺复兴的典型的三段式构图。灰砖白缝与券式门窗结合的设计，为空间增添了浓重的民国风情。

这里的建筑并非是民国遗构，是新中国成立以后的建筑，建筑没有风格和文化可言，也没有任何表情。这里将这一组建筑更新设计成这种民国风格，一方面是服务于"王公馆"的民国主题，另一方面是就残存的古院落而言，也是一种空间上的延伸，是一种文化上的延续。

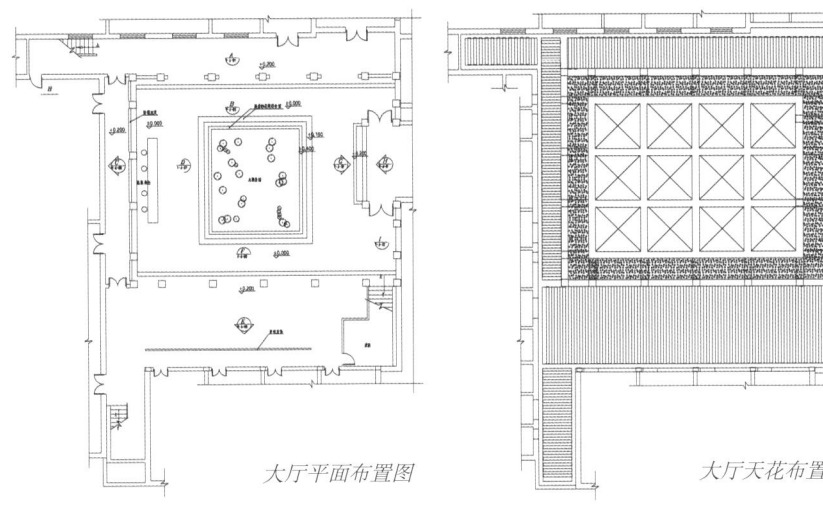

大厅平面布置图　　大厅天花布置图

大厅立面图（一）

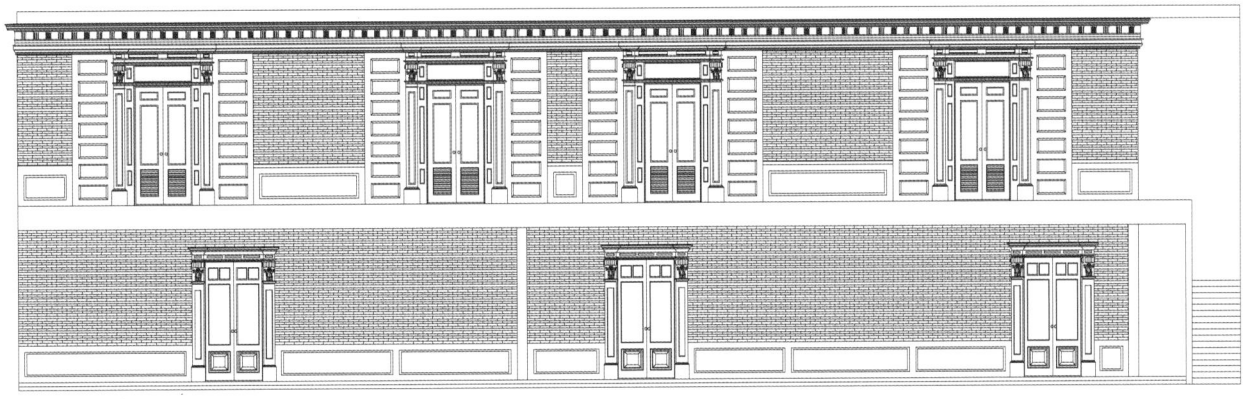

大厅立面图（二）

护栏的作用

栏杆在使用中起分隔、导向的作用，使被分割区域边界明确清晰，设计好的栏杆，很具装饰意义。使用地方的不同所需要的栏杆的高度也不一样。

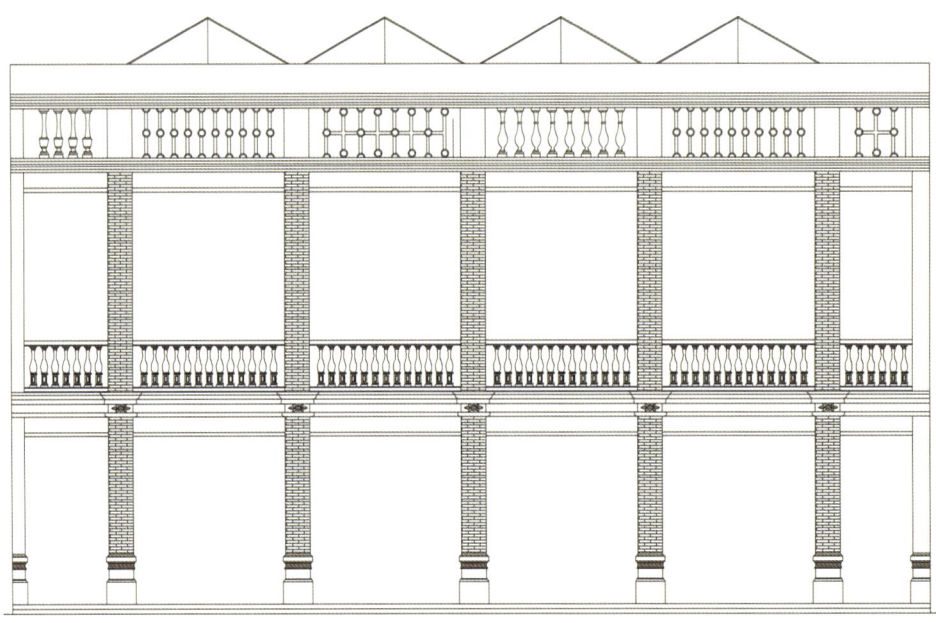

大厅立面图（三）

檐廊的增设与对面的原单向过廊办公楼的柱子形成了空间上的呼应，整个空间颇有古希腊雅典神庙柱廊、柱厅的神韵。券式檐廊的增设，更加烘托了民国风格的空间主题。柱的样式和材料的选择都是为这一主题而服务的。

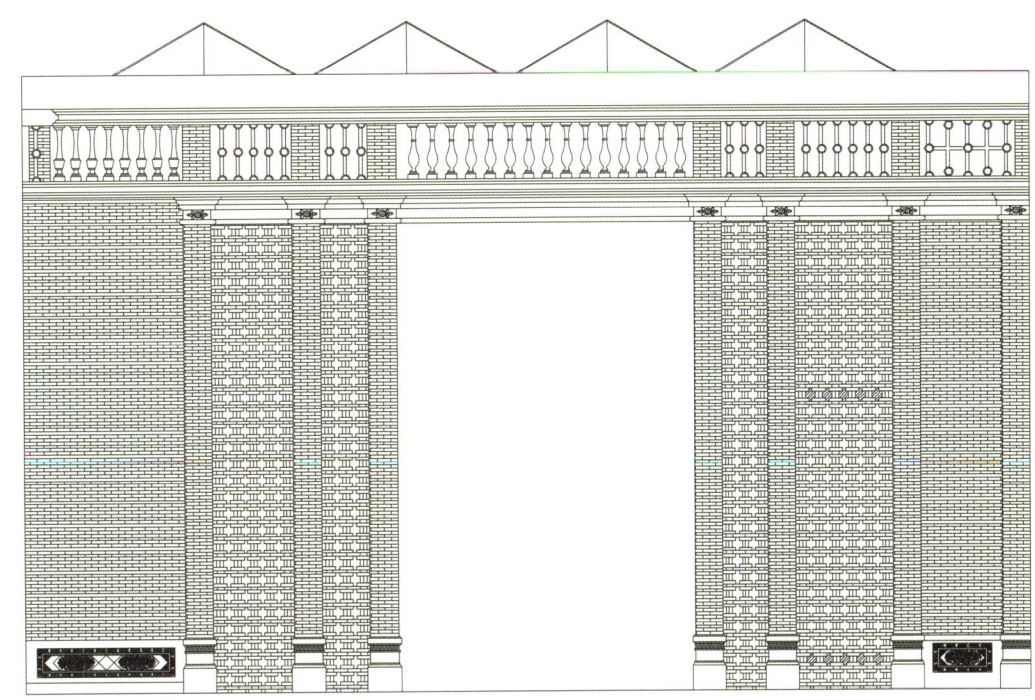

大厅立面图（四）

接待大厅实景　　接待大厅效果图

透过券式檐廊看接待大厅

太原王公馆历史建筑是民国时代建筑。在王公馆建筑装饰的细部充满了异域风采。这些异域风采的装饰元素通过与传统风格的融合，形成了一种强烈的时代特色。在王公馆历史建筑的更新中，充分尊重这种时代性的特色以及它背后所蕴藏的时代信息，通过功能和材料上的更新，将这个空间以全新的面貌展现给空间使用者。而空间使用者这时更加关注的是空间中这种富有时代性的历史信息。通过这种文化形式的更新，设计师将历史建筑的文脉保留下来，将历史和优秀的传统文化延续下去。

大厅檐廊立面图

从对面看新设的檐廊

王公馆/庭院设计

堆山叠石

堆山叠石在我国传统造景手法中的地位是十分重要的。园，不分南北、大小，几乎是凡有园，必有山石。所以有人认为山石应与建筑、水、花木并列，共同作为构成庭院景观的四大要素。

建筑庭院中的山石是对自然山石的艺术摹写，为此，又常称之为"假山"。它不仅师法于自然，而且还凝聚着艺术创造。因而，与一般自然山石不同，庭院中的山石除兼备自然山石的形神外，还可以具有传情的作用。《园冶》所说"片山有致，寸石生情"就是这个意思。古典园林常借山石而抒发情趣，可能是受到绘画的启迪，末代著名山水画家郭熙在《林泉高致》中对山石的描绘"春山艳冶而如笑，夏山苍翠而如滴，秋山明净而如妆，冬山惨淡而如睡"，很能说明山石确有某种传情的作用。虽然说山石可以具有传情的作用，但是在多数场合下，人们对于山石的欣赏主要还是限于它的形式美。从这种意义上讲山石所起的作用颇近似于近代流行的抽象雕塑。

"厅山"，顾名思义，就是在厅堂的前院中掇山石。由于院落较小，空间有限，按《园冶》所说，厅山一般较适合于"稍点玲珑石块"，而不宜搞得复杂、拥塞。这就是说，要少而精，要突出重点、主题，要以一两块形质优美的石峰作为主体来点缀庭园空间。这种掇山的手法又称之为"特置"，特置的石峰其作用更接近于抽象的雕塑，唯其鹤立鸡群，所以必须具有优美的造型和良好的质地。如果用传统的标准来衡量，就是要符合透、漏、瘦、皱的原则。

庭院石景之厅山

"凡有园，必有山石。"王公馆的庭院中的石景，可以称之为"厅山"，与假山不同之处是它们不是大型的堆山叠石所筑构的群体，而是单独之石或由极小的山石组合而成。其功能上的区别在于大小假山均应让人登临其上，厅山是不能让人登临的。所谓的厅山，是置于庭院之间或之内的单体石或小形组合。厅山，从堆山和叠石的造园手法中走出，更多的是一种庭院审美活动。这种山石景观，置于庭院仅供近观欣赏。

在堆叠山石的造景过程中，点缀上要做到有藏有露，有繁有简。总而言之，一个具有"野趣"、"闲趣"的青山绿水，离不开"自然"二字。在王公馆的室内庭院中，山石不仅仅是简单意义的装饰，而是对"文人"文化的体现，将这跨越世纪的武将庭院赋予了一种精神的体现：笃定、求实。这些室内景观的设计归纳为"形"与"意"问题的解决。"形"，有逼真之感；"意"，有传情之景。山石具有寄情于物的作用。我们在这里用山石来"借物传情"，这是物化精神世界的体现，可谓是"片山有致，寸石生情"。

和山石一样，水也是构成庭院景观的基本要素之一。不论是北方的皇家大型苑囿，还是小巧别致的江南私家园林，凡条件具备，都必然要引水入园。即使受条件所限，也无不千方百计地以人工方法引水开池，以点缀空间环境。王公馆的庭院景观设计也不例外。

王公馆接待大厅的水景设计是以中厅水幕为中心展开的，水幕瀑布通贯接待大厅。所谓水幕，是水沿背景墙飞流直下，泻于池中。厅中水面，以聚为主。如镜的水面加之水幕的流水之声，伴有徐徐而来的钢琴伴奏，在这优雅的环境空间中，客人可以减轻精神压力、调节心理，让躁动的内心在喧嚣的都市中沉静。

在王公馆的其他庭院中同样有水景的设计，有的是辅以一滩静水或"镜水"，有的是寓意小桥"流水"。王公馆的水景就在这动静之间，书写着对历史的回顾，对精神的守望。

庭院水景

庭园理水

水，对环境究竟有什么影响呢？和山一样，水也是大自然的景观之一，长久以来，以它的妩媚使人深深陶醉，所以它一直是诗人、画家所向往的题材。画家郭熙在《林泉高致》中指出："水，活物也，其形欲深静，欲柔滑，欲汪洋，欲迥环，欲肥腻，欲喷薄……"极为详尽地描绘了水的多种多样的情态。

庭院水景，从布局上看可分集中与分散两种形式，从情态上看有静有动。集中而静的水面能使人感到开朗宁静，一般中、小型庭院多采用这种用水方法。其特点是：整个园林以水池为中心，沿水池四周环列建筑，从而形成一种向心、内聚的格局。采用这种布局形式常可使有限空间具有开朗的感觉，所以尤其适合于小型庭院。在中庭空间，虽也属集中用水，但却使水池偏处于庭院的一侧，这样便可腾出大块面积供它使用，从而形成一种"山"环水抱。

庭院水景

庭院寓意的小桥流水

王公馆庭院景观中的花木配置，突出了晋式庭院主题，以造型绿植为主，辅以其他绿植，从而形成王公馆自己的庭院景观风格色彩。设计中主要从两个方面把握：一是注意韵律与节奏的把握，在庭院中，利用造型植物有规律的重复、有间隙的变化，在序列重复中产生节奏，在节奏中产生韵律；另一方面注重研究绿植主体与辅体的关系，在园艺工程中，花木配置常以乔木为主，比如造型高大的庭院绿植，辅助衬托从属景物，进一步突出强调植物主景。

花木配置

庭院景观中的树，可以有两种种植形式：点种与丛植。从视觉上看点种的树更加引人注目，树形要美，还必须配置合宜。点种孤植花木可以起到点缀庭园空间作用，用在多以游廊、墙垣围成既小且又封闭的空间院落。这样的小院若不培花植树，必然流于光秃、单调，但花木过于繁茂，又显得局促拥塞。对于这种小院可视其大小或孤植或点种花木一二以作点缀，常可获得良好的效果。极小的空间院落以孤植为宜，位置应偏于院的一角而切忌居中，其高低、疏密应与院的大小相适应。

此外，树种或名贵，或挺拔，或苍劲，或古拙，或袅娜多姿，或盘根错节，总之，必须要具有独特的性格。

庭院绿意

月洞门与院落空间

框景

框景，顾名思义，就是将景框在"镜框"中，如同一幅画。"佳则收之，俗则屏之"，是我国古代造园手法的重要一种，同样，在王公馆建筑景观设计中，也采用了这样的思路和手法。

月洞门旧貌

王公馆的庭院北非大型的山水庭院，没有更多的户外空间。这些小型的庭院实际上更多的是一些院落和通道。月洞门相对应着影壁，影壁上高浮雕着山西风光。这样一来，就将这寓意的"绿"引入到庭院当中来。月洞门上有"心沁"二字，意味深长，有净化内心之意。

从月洞门看长廊和浮雕墙

王公馆/古院落

历史建筑是人类文化遗产物化的客体,它的存在承载了人类的文化和记忆。历史建筑的任何一种存在形式都改变不了它的这种本质作用。历史建筑的更新,或更新的历史建筑,无论是作为过程还是结果,都能够更为有效地将这种承载文化和历史记忆的功能发挥到最优的状态。这是对作为主体的人类及人类社会最具有意义的内容。

再生后的王公馆

古院旧貌

古院落空间再生

古院落部分室内装修以中式古典风格为主，用材为青砖、硅藻土、木材、玻璃等，并配以中式家具和漆艺挂件、布艺、青铜器、瓷器、绿植等软饰。新建改造部分装修以欧式风格为主，古老欧洲的文化风格用历史文化的视觉面貌呈现，并在配饰上锁定民国时期的文化饰品、太原历史照片装饰等。室外的庭院是与室内遥相呼应的内庭景观，游鱼、植物、山石等使室内品质极大地提升，使消费者享受到四季如春的生态环境。

古院正房夜景

古院正房正立面立面图

古院正房旧貌

修缮施工

第一次看到王公馆，依稀感觉到它像一位被时代遗弃的老者，眼前这一幕是如此悲凉、凄苦。这么优秀的历史建筑就如此被遗弃在城市的角落里，任由风雨侵蚀，厚厚的尘土掩盖了它的光辉。

古院正房室内

古院夜景

古院门窗细部

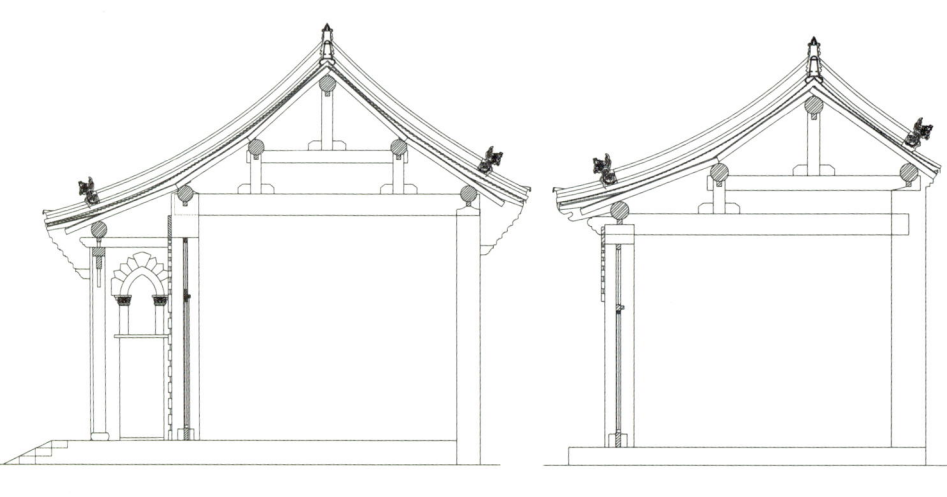
古院正房剖面图　　　　　　　古院厢房剖面图

古院厢房正立面图

王公馆经历过此次改造之后，宛若得到新生，当年的气派和豪情被彰显得淋漓尽致，仿佛王靖国就在府内，又仿佛我们就是王靖国一样。在这里，我们能够深切体会到那个动荡年代人们的思想和社会的状态。传统的四合院以及砖木结构的建筑形式，再加上民国时期所特有的"石库门"式的券式门窗，完整地反映了当时社会的主流文化，即传统中国文化和与西方文化的冲突，以及社会发展的突破点。

古院屋檐细部

古院屋檐细部

古院门窗细部

古院旧貌

古院落夜景

古院落旧貌

古院门窗细部

古院正房室内

在王公馆历史建筑的更新中，对材料的使用是十分悉心的。由于功能的调整，必然有许多新材料的使用。材料的更新和新材料的使用，得以实现功能的更新、空间的重新使用，同时赋予历史建筑空间以时代的意义，让优秀的传统文化在新时代中得以传承延续。

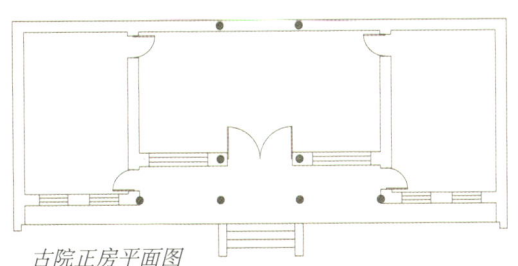

古院正房平面图

古院室内

正房博古近照

王公馆/包间

　　王公馆中式餐厅包间的风格是一种现代与传统中式的一种对话，在包间的门廊和隔扇门的运用上，将传统隔扇门和现代的图案结合在一起，同时使用新的工艺材料，将尊贵和豪华的气息辐射在整个空间之中。在餐厅的庭院设计中，以小见大是庭院重要的设计手法。山水树石、小桥流水等都为餐厅包间营造了生机。

偏院砖雕垂花门

从包房看偏院入口

偏院庭院

包间

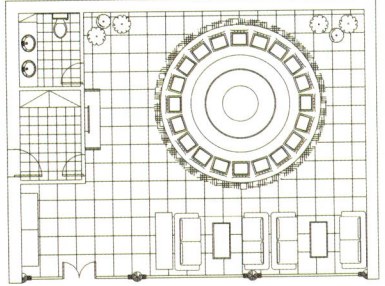
包间平面图

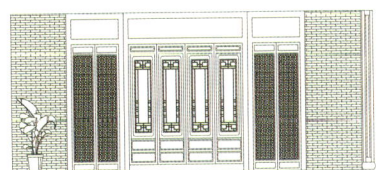
包间立面图

包间立面图

包间效果图

王公馆旧貌

包间效果图

历史建筑的再生

　　历史建筑是城市历史和文化的载体，它们延续了城市的文脉，蕴涵着丰富的传统文化和地域文化，从而形成良好的城市历史风貌。优秀的历史建筑体现了城市和社会在不同发展阶段的理想、信仰、制度、技术、伦理和价值观。历史建筑的再生也成为一个专门的学科。

　　所谓"历史建筑的再生"是指在社会发展中，随着人们生产生活的需求，对历史建筑空间的改造。历史建筑的再生不仅是对建筑和空间的讨论，同时也反映着环境人文再造的重要命题。任何城市空间不论过去、现在或未来，它一直是变化的；而历史建筑又会遗留沧桑的痕迹。历史建筑是城市历史和文化的载体，它们延续了城市的文脉，是城市发展的历史见证，而且蕴涵着丰富的传统文化和地域文化，有些还结合外来文化，因此，历史建筑的形式、色彩等方面具有丰富的历史、科学、艺术、文化、审美、情感等价值。通过对它们的研究，可以史为鉴，反思现代城市建筑风貌中的不足，协调新老建筑之间的关系，从而形成良好的城市历史风貌。因此，我们必须让发展的城市与历史建筑进行有意义的对话，这种对话是空间性的、时间性的，当然也是地方生活文化与记忆认同的对话。

　　一、历史建筑再生

　　历史建筑的再生，一直是跨越文化艺术与城市改造政策的重要议题。多年来，历史建筑再生的实践，使各国出现了形形色色的历史建筑修复理论，历史建筑的再生也成为一个专门的学科。

| 王公馆古院落厢房实景 | 王公馆古院落厢房原貌 |

王公馆古院落鸟瞰图

王公馆古院落鸟瞰原貌

历史建筑是历史文化遗产的重要组成部分，同时也是城市不可缺失的文化资源。每座城市都有属于它独特的历史建筑，这是城市精神的表现，有的历史建筑甚至成为城市的标志，述说着城市的发展演变。历史建筑与文物艺术品一样，同样具有很高的历史价值、艺术价值和经济价值，优秀的历史建筑体现了城市和社会在不同发展阶段的理想、信仰、制度、技术、伦理和价值观。在现代都市中，各具特色的历史建筑，耐人寻味，富有魅力，体现出了城市的历史性与时代性。

历史建筑的再生，对于设计师来说是一个富有挑战性的命题，因为这项工作不仅意味着要探究历史，而且要在历史环境中注入新的生命，对历史建筑和传统文化的尊重是设计的基础，历史建筑的再生是设计的本质。建筑是有生命的，历史建筑可以在新的文化形式下演绎历史，在新的文化形式下传承优秀的传统文化。

二、历史建筑再生的途径

1.功能更新

城市是在发展的，不同的时代有着不同的生活方式和文化形式，新时代自然有新的生活方式和对建筑功能上的要求。为了能使历史建筑有延续性，能够在时代发展中以优秀的传统文化为承载内容保留历史建筑，因此，历史建筑的再生，首先要进行历史建筑使用功能的更新。

历史建筑功能更新具有两个层面的含义：第一，功能置换，将原有

王公馆古院落入口原貌

王公馆古院落入口与景观长廊

王公馆古院落入口与景观长廊

王公馆古院落入口原貌

历史建筑的个人住宅、小型办公等功能置换成以商业为主导的酒店、餐厅、宾馆等餐饮住宿功能，或是以文化传播为主导的展览展示功能。对历史建筑的妥善保护与科学更新，不仅有助于散发其本身的文化魅力，更能在盘活房产、开发旅游观光等市场层面上带来经济收益。对于历史建筑，在不破坏城市文脉和环境肌理的条件下，进行历史建筑的改造再生，可以有效地完善城市服务功能，增强城市发展历史的厚重感，体现对城市文化遗产的可持续发展利用。第二，在历史建筑再生的一系列活动中要围绕建筑与自身历史文化背景的关联性，不管是以商业为主导的餐饮住宿功能，还是以文化传播为主导的展览展示功能，都要安排让具体的使用功能尽可能接近历史建筑原来的使用功能。

通过对历史建筑功能的更新，可使历史建筑重新作为一个城市重要的人文资源和建设发展动力，使历史建筑复活、再生、继续生长。

2.材料更新

材料是一个时代的科技产物，也是一个时代的文化产物，因而在历史建筑空间的再生中，新材料的使用是必然的。合理地使用现代技术与材料，能够展现建筑的历史个性，让历史建筑更好地发挥自身的用途。

在历史建筑的再生中，使用材料是很重要的一个技术手段。历史建筑原本的材料类型如木材、砖材、石材等，要么是容易陈旧、腐朽、变形，要么是材料的长度、宽度受到局限，要么是材料的自重大，在技术上难以处理等等，总是有着诸多的局限性。凡是历史建筑的再生改造，都注定在更新中不可避免地会使用到新材料。在历史建筑的更新中新材料使用不恰当的话，会造成对历史建筑的破坏，会让历史建筑的历史信息形成断裂；而新材料使用恰当的话，就会让历史建筑的空间形成一种时空的对话，真正将历史建筑的历史信息成为空间中的主体。

历史建筑由于受时代的局限性约束，因而在开间尺度和结构的耐久性上不同成度地受到限制，例如木结构的历史建筑，其主材木材就会受到材料尺度、材料耐久性的影响，历经几百年的历史建筑保存到如今，都会有不同程度地存在弯曲变形、腐烂、蛀虫等现象；而通过对历史建筑材料的更新，例如使用钢、水泥、玻璃等材料，就会很好地解决建筑尺度、建筑耐久性等问题。这样一来，通过对历史建筑材料的更新，不仅将历史建筑的形式保留了下来，而且把历史建筑的文化也留住了。

三、通过历史建筑这种文化形式，传承传统文化

从建筑的角度谈文化，不仅仅是简单地对历史建筑的修缮，而是要运用建筑美学理论的分析与研究，让改造和重生后的历史建筑与周边环境互相衬托，同时赋予其新时代的文化形式。历史建筑被赋予新的功能，不断地运转。通过对历史建筑新的使用方式，从而产生新的生活方式和新的文化形式，这才能够使历史建筑的时空得以延续，才能使我们进入关于时间与空间的探讨。历史建筑的再生，其实是建筑形象与环境艺术在设计上的尝试，是对多元品质(观念、生活、技艺、审美等)和多层面知识(建筑、环境、社会、经济、文化、历史等)的一次检验，最终是对一种新的文化形式的设计和尝试。

设计师手稿	云锦成大厅实景
云锦成大厅实景	历史建筑原貌

崇宁堡院落垂花门
崇宁堡历史建筑外观

因此，对历史建筑的空间再生，必须慎重分析文化和功用与需求的关系，尊重历史，把握未来，让历史建筑保留人类的文化记忆。通过历史建筑空间和文化形式的更新，让历史建筑为传承优秀的文化传统服务。

四、小结

新与旧的共生，历史建筑的空间再生在每一个城市播下创意与希望的种子，让历史建筑找到了新生的可能性。历史建筑的空间再生就是通过设计，融合新文化的需求，开创崭新的生命价值。其积极的理念和社会意义是毋庸置疑的，其产生的巨大经济与社会效益也是我们有目共睹的。让这些历史建筑真正地为当代社会生活和文化需求服务，使历史建筑以新的文化形式回归到人们的日常生活中。

崇宁堡

崇宁堡

设计 / 王怀宇

王家大院历史沿革

静升是山西省灵石县的历史文化名镇，有着悠久的历史。王家大院是保存完好的清代民宅建筑群，传统色彩非常浓厚，在中华民族建筑史上占有一席之地。

静升王家为太原王氏后裔，元仁宗皇庆年间由灵石沟营村迁到静升。王氏望族以商贾起家，贷殖燕齐，后加官晋爵，步入官场，遂以文学著，以孝义称，以官宦显，成为当地工商大地主兼官僚士绅，修建住宅不惜工本，相当豪华奢侈。静升王氏始祖最早修建的屋舍据说在村西临街的张家槐树底附近，已无文字可考。之后，临街的拥翠巷，建于康熙三年，至今被称为王家巷；以后又陆续修建了锁瑞巷、钟灵巷、拱秀巷内的义安院。此外，黄土高坡上的崇宁堡，建于雍正三年。目前开放的红门堡建于乾隆四年至乾隆五十八年，高家崖建于嘉庆元年至嘉庆十六年。街外的拱极堡建于乾隆十八年。总之，静升的所谓"九沟八堡十八巷"，至少有"五沟六堡五巷"基本上属于"王土"。有的堡子虽参有异姓，但也是王家人牵头，"延众相商"，"竭志经营"而成。王家在静升的建筑总面积，粗计为15万平方米，目前已有4.5万平方米被列入省级保护文物。

王氏家族到18世以后，也就是从清道光年间开始，逐渐衰败，其衰败之由，除社会、政治、经济多方面的因素外，在其本身，则主要是子弟不争，日趋奢靡，将先祖勤俭创业之优良品德尽弃。一些人不是通过读书奋进趋向仕途，却经不住以钱捐官的诱惑，竭力贪图捷径。更有甚者，染瘾于鸦片，彻底堕落，终致秋风落叶，大厦日倾。其间，21世王饮让，其

商号除占静升半条街外，南至洪洞、赵城、霍县，北经介休、平遥直到京津一带，都还有其店铺，且生意兴隆；可芦沟桥一声炮响，日军侵入，他的全部家业也不得不顿然收聚，举家南迁。其后人或可子承父业，却随着时代变迁，渐渐散落于四川、北京和台湾，有的去了美国。于是，王家纵为一方望族，至此销声匿迹，正史自难进入，口碑日益遥远，即使在地方志书内，也一鳞半爪，难得多见。如今我们只能从其族人珍存的家谱和村里尚存的一些碑碣、匾额或其他资料中，了解其当初的大概面貌。王氏家族留下的这一片片住宅群，在建筑学、历史学、社会学、伦理学和工艺美术范畴都极具研究价值和实用价值。

传统文化下的空间概念

封建社会士大夫官宦门第及商贾富户修建宅院，在选择风水宝地显示门第高贵的前提下，首先是满足起居生活的安逸舒适，同时保证防盗防匪、坚固安全。王家大院处于负阴抱阳、背山面水的北山坡上，北边是层次深远、高大、雄伟的天然屏障，背山可以迎纳阳光和温暖气流，面水可以迎接夏日的凉风，向阳可以采纳良好的日照，缓坡可以避免淹涝之患，形成一个良好的小气候。

王家大院崇宁堡由堡门、堡墙、过厅、院落、后院组成为一个完整的封闭圈。堡子由堡墙、堡门组成，为前堂后室三进四合院规格建造，形成前低后高、具有足够景深、参差错落的中轴对称轮廓线，既能满足主人对外接触交往的要求，又能满足一定隐匿性、私秘性的要求，使建筑有主有次，有藏有露，有空间秩序感。各种层次的建筑，组成一个空间序列，使建筑空间有开有合，视野有大有小，视点有高有低，视角有仰有俯，视景有分隔有联系，调和对比，变化统一，形成不同的节奏感，激发不同的审美情趣。

中轴对称的建筑格局，和非绝对对称的均衡格局，又与中国儒家的中庸之道礼教观念相联系。大门前有高大的照壁，是一个引入空间，恰似音乐的序曲，大门三架两厢，内有仪门，这种布局格式，在封建社会宗法礼教制度下，便于安排家庭成员的住所，使尊卑分等，贵贱分野，上下有序，长幼有伦，内外有别，男女归位。充分显示了建筑的时代性、社会性、民族性，同时呈现出它在传统基础上的变异性、平衡性、保守性三种势态。

外立于象，内凝于神

王家大院的三雕艺术，给人以深厚、朴

实的感觉。它的每一只雀替，每一道额枋，每一尊柱础石，都是一组精美的艺术品，给人以丰富的想象力。可以说，"片瓦有致，寸石生情"，"外立于象，内凝于神"，既有具体生动的形象造型，又寓以一定的哲理内涵，可谓"居于儒，依于道，游于禅"，"仰则观象于天，俯则观法于地"，充分显示出文人士大夫的雅气，儒、道、佛的仙气，民间美术的俗气。把汉民族历史上积淀下来的风俗习惯、宗教信仰、主人的美好希望和理想，都寄托于仙人瑞兽等吉祥物上，创造出一个立体感很强的艺术氛围。当人们欣赏到这些精美的雕刻艺术时，不仅消除了对高墙深院的禁锢感，而且增添了生活的兴致和美感，坚定了对现实生活的信念，激发了人们积极向上的意志。不论从哪方面讲，王家大院的三雕都是雕刻艺术的上乘之作。

王家大院的建筑装饰，可以说是清代"纤细繁密"的集大成者。其石雕、木雕、砖雕，分别装饰着斗拱、雀替、挂落、栋梁、照壁、廊心、柱础石、匾额、帘架、门罩等各个方面。题材多样，内容丰富，圆雕、半圆雕、高浮雕、薄肉雕、镂雕、平面阴线刻、剔底起突、减地平钑等应有尽有。题材有岁寒三友、四季花卉、鸳鸯贵子、二十四孝、海马流云、吴牛喘月、辈辈封侯、加官进禄、安居乐业、喜上眉梢、功名富贵、麒麟送子、狮滚绣球、一路连科、竹梅双喜、麟吐玉书、佛家八宝、民间杂宝、明暗八仙、四艺四逸、福禄寿三星等，重复的很少，可谓是"建筑必有图，有图必有意，有意必吉祥"。其造型儒雅大方，庄重严谨，古色古香，层次分明，简洁有力，画面充盈，紧凑饱满。这些装饰大量采用了世俗观念认可的各种象征、隐喻、谐音，甚至禁忌的艺术形式，在民间艺人、文人士大夫、画家的参与及美学家的理论指导下，创造出饱浸着乡风民俗、新鲜活泼、丰富多彩的，并为世人喜闻乐见的民居装饰艺术，成为中华民族传统文化的重要组成部分。

王家大院建筑装饰，不仅有文人士大夫和画家的介入，而且有美学家在理论上的指导。清代著名美学家李渔在其《闲情偶寄》中提出，"尺幅窗"、"无心画"和以"山水图"作窗，以"梅"作窗的审美观点，"是山也可以作画，是画也可以作窗"，"坐而视之，则窗非窗也，画也，山非屋后之山也，画上之山也"。李渔这种当窗如画、窥窗如画的艺术倡导，使房主人足不出户即置身于"丹崖碧水，茂林修竹"之间，并欣赏着四季花卉、珍禽异兽。王汝成后室窗户，是李渔美学观点的实践者，有浓厚的南方风格，其设计新颖别致，国内罕见。由凤凰戏牡丹、喜鹊登梅、琴棋书画、一品清莲(廉)、杏林春宴、修竹劲松等数幅图画组成的窗户小景，取代了窗棂，使后室之中有虚有实，有情有景，且化实为虚，化景物为情思，显示出无穷的情趣。透过窗户进行审美观照，有助于人们想象力的发挥。对窗观景，虽身居深宅后院，也可以畅游六合。

崇宁堡历史建筑群更新方案

王家大院崇宁堡的再设计在空间上仍保持原有的空间形式，根据地形前低后高的情况，进行原有院落的再利用、再创造。充分利用现有的资源并保持其鲜明的地方性建筑特色。并在轴线上结合酒店使用功能的需要，穿插以殿、堂的建筑形式，打破了原有传统单一院落的空间布局，使大小体量的建筑有节奏的统一起来。

轴线上现有空地被设计为配套功能齐备的酒店主体。运用现浇钢筋混凝土框架、钢筋混凝土梁板和坡屋顶形式的玻璃采光顶，并采用传统建筑形式的木结构屋顶，青砖外墙，木色窗格和精美的木雕、砖雕、石雕，设计成为一个具有传统建筑风格的主体建筑。它不仅是城堡院落空间的延续，又是轴线上殿、堂形式的升华。

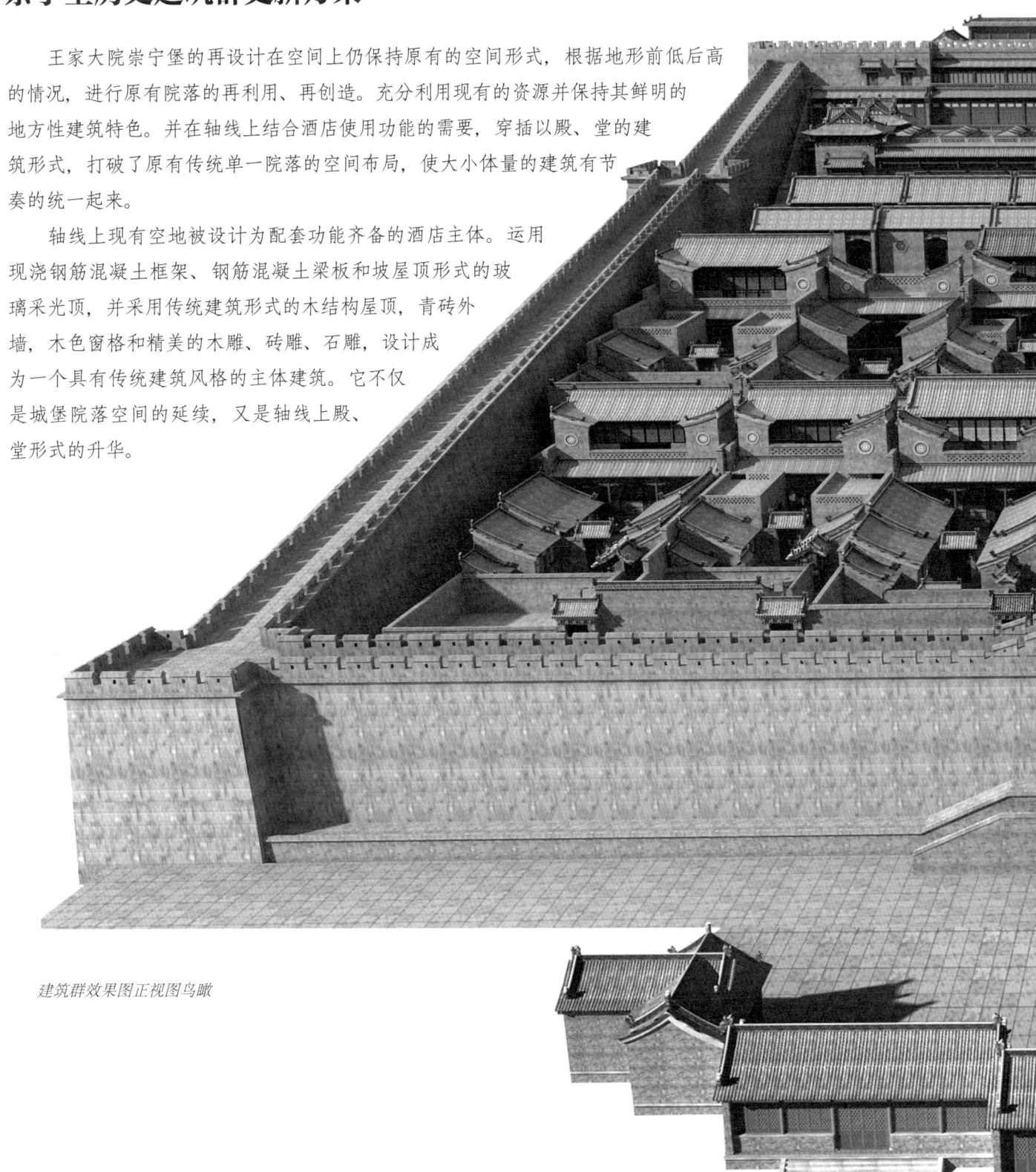

建筑群效果图正视图鸟瞰

近几年来，山西旅游发展的步伐明显加快，每年的增长幅度都明显高于全国的平均水平，大力发展旅游已成为全省上下的共识，省委省政府已把旅游业列为优先发展的八大优势产业之一。

晋中市这几年的旅游发展走在了全省的前列，景点开发、旅游接待人次、经济收益、社会效益非常好，乔家大院、王家大院、平遥古城、绵山等一批旅游景点景区已成为旅游热点，并相互串联，形成颇具影响的旅游热线，构成晋商文化旅游的核心产品链。

王家大院的游客接待量在晋中各个大院中名列前茅。为了能进一步提升王家大院的知名度与旅游吸引力，需要强化两个方面：一是有力打造文化产品项目，加强宣传力度；二是建设具有民俗特色的配套服务设施，完善旅游服务功能，更好地满足游客多方面的需求。

2003年11月，静升镇被建设部列入"国家历史文化名镇"名单，这既是对静升镇历史文化价值的充分肯定，同时也将静升历史文化遗产的保护和开发利用提到了前所未有的高度。所以，对崇宁堡的文化旅游开发利用对于古镇遗产保护和旅游发展均具有重要的意义。

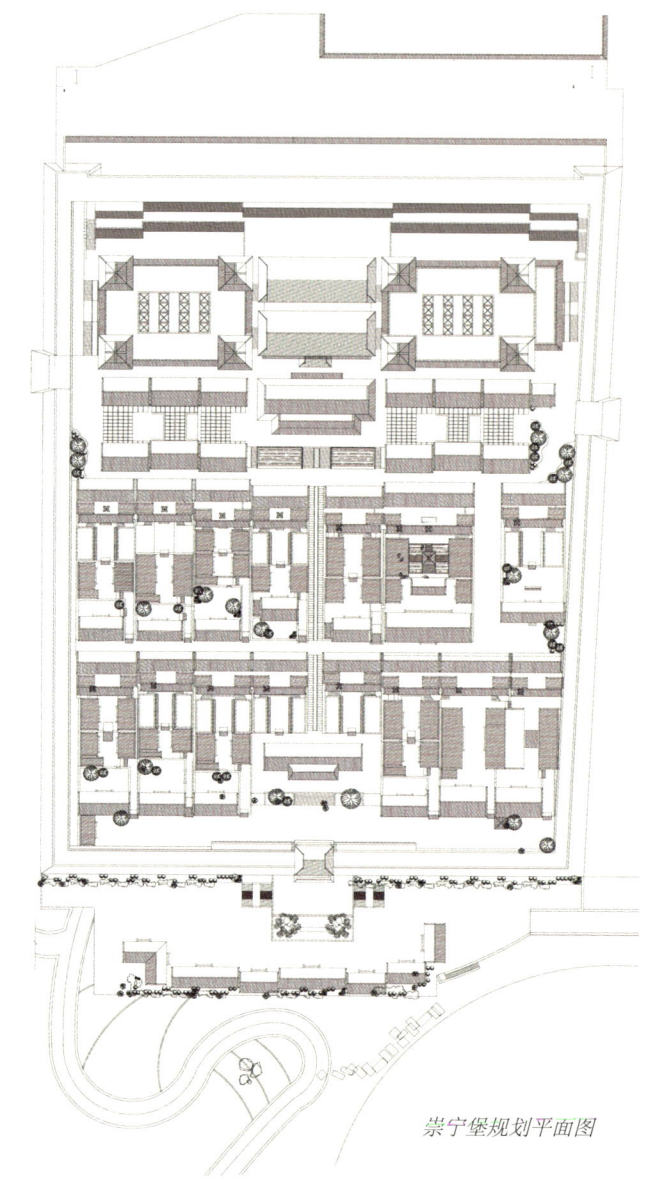

崇宁堡规划平面图

崇宁堡远景

崇宁堡堡门旧貌

崇宁堡东南视角旧貌

崇宁堡南北街道旧貌

崇宁堡堡门内东视角旧貌

崇宁堡堡门内西视角旧貌

崇宁堡旧貌远景

崇宁堡四号院2004年5月
历史照片

崇宁堡四号院现状

"新与旧、古与今"的矛盾

随着本项目开发建设的进一步推进，发展与保护的矛盾问题也开始浮现。一方面，历史风貌的保护受到各方面的高度重视；另一方面，在发展建设中不可避免地会对原有风貌产生一定影响。所以，如何同静升历史文化名镇相协调，如何传承历史，将是本设计必须解决的首要问题。王家大院是整个静升镇镇区的制高点，在视觉和景观上是高度敏感和脆弱的，与王家大院整体景观环境的风貌协调也是制约设计的一个重要因素，这无疑又加大了这个项目设计的风险和难度。

崇宁堡现状（一）

崇宁堡现状（二）

崇宁堡历史建筑群概况

崇宁堡位于山西省灵石县城东北12公里的静升镇，地处晋中盆地边缘风景秀美的绵山脚下，东侧紧邻世界文化遗产王家大院。此次更新设计范围为崇宁堡内堡及崇宁堡西侧的延伸坡地，规划总用地3.30公顷。

崇宁堡又名西堡子，位于静升镇西北的高坡上，东边隔肥家沟与红门堡相邻，是静升八堡之中修建较早的一个，始建于清雍正三年即1725年，建成于雍正六年即1728年。堡子呈长方形，依坡而建，由南到北渐次升高，南北长约190米，东西宽约140米，占地面积约25600平方米。2004年以景区配套服务项目经过一次开发重修，现有传统院落15处，约6332平方米，北堡墙有阶状，仿窑洞建筑三层，约3000平米。

堡墙部分：北堡墙长约145米，堡内侧高约18米，外侧约8米，西堡墙长约190米，墙外侧即是东沟，高在20米左右，内侧高约10米多。堡门门洞、照壁基本完好。

现存15个院落从第一排西端开始按蛇型分别编号为1—15号院，各院落的建筑经过二次修缮后基本完整。

堡墙、堡门及诸院落均为晋中灵石一带清代的典型民居及防御建筑。堡墙用夯土筑成，高大坚实，防卫功能较好，堡门及其顺延部分砖砌而成，开在南墙正中，门外有一大照壁。堡门仅有一个，便于控制出入。堡内院落均为三进，院大门开在东南角，二门坐西朝东，开在二进院东南侧。一进院的建筑大部分为新建；二进院东西房多为新建；三进院正面砖券窑洞主体大都属旧建筑，东西两厢或为窑洞、或为厢房。整个现存古堡建筑群除有1/3的旧窑洞是老建筑外，其余都为二次开发新建，但新建筑没有沿袭红门堡传统建筑的装饰文化，建筑较为朴素。

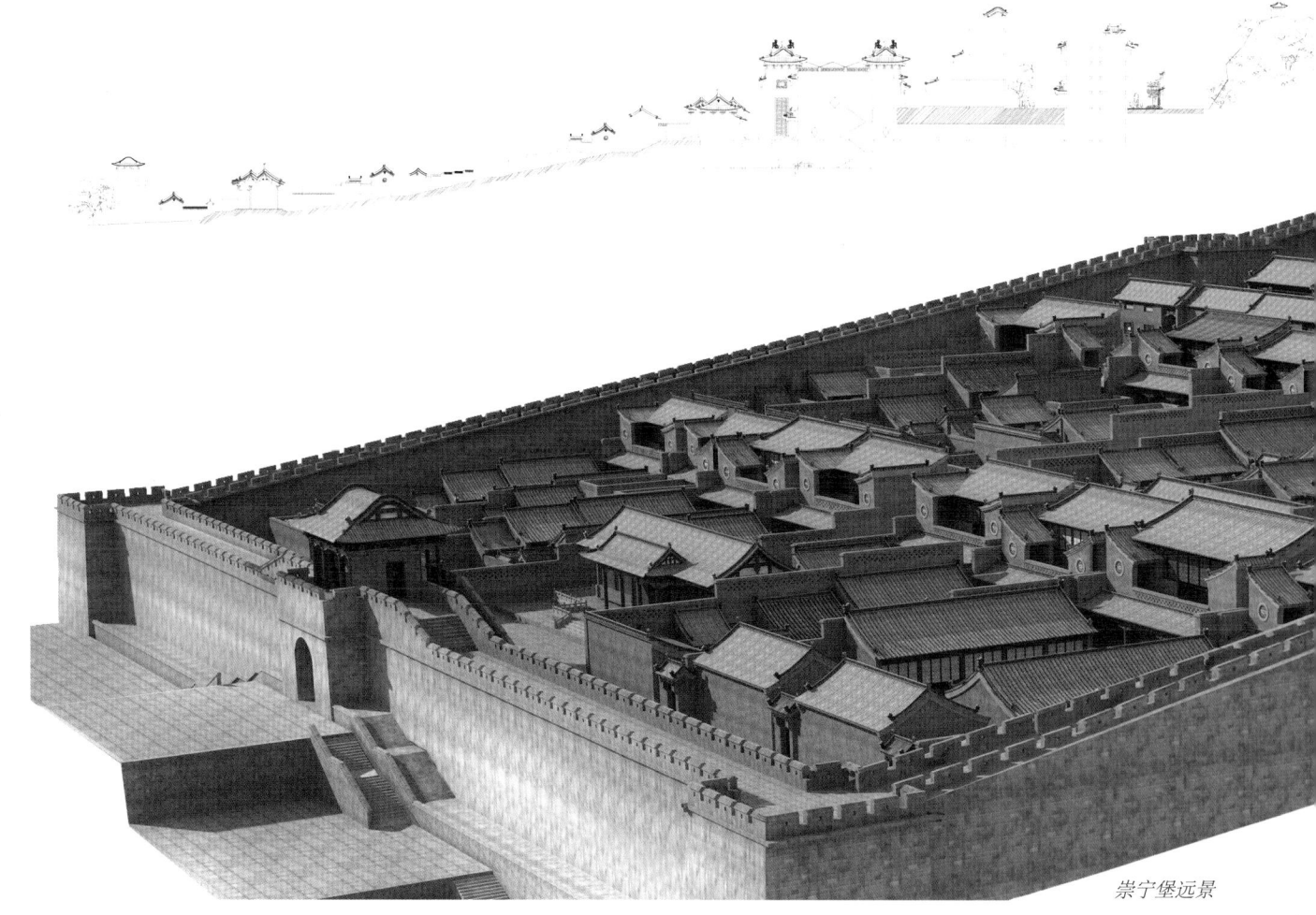

崇宁堡远景

崇宁堡现状

崇宁堡历史建筑群更新的优势

区位交通优势

从区域位置上分析，规划区位于山西省灵石县城东12公里处的静升镇，距世界文化遗产平遥古城35公里、介休绵山4公里、十八罗汉头像海外回归故里资寿寺2公里，是山西省近年来以"名城、名山、名院、名寺"为优势，推出的精品旅游线路中重要的一环。同蒲铁路、108国道纵贯县境，新开通的大运高速公路灵石出口距崇宁堡2公里，交通十分便利。

自然环境优势

从环境地理上分析，规划区所在的静升镇位于灵石县东北部，地处汾河及其支流静升河、任义河中下游冲积淤浸形成的河谷滩地，地势平坦，土壤肥沃，水源丰富，气候温暖，被誉为灵石"小江南"。

文化品牌优势

静升镇王家大院，是山西省晋商民俗文化中最重要的支点之一。

居高临下，负阴抱阳

静升镇的北山坡居高临下，是镇上的唯一高地。王家大院正好选址建在这块山坡上——堪称是一片理想的宅居宝地。一是朝向好，合乎"扶阴抱阳"的选址原则，即背阴可阻挡北风，向阳能使阳光照射充足。二是保证这片宅居用地"高无近旱而水用足"，就是说既无水灾之患，又不担心生活缺水。另外，坡上还有一条自北而南的冲沟，是夏季山水排泄的天然渠道。三是居高可以望远，周围的群山夏天层峦叠翠，冬天银装素裹，一幅幅自然山水画，尽入眼底。大院的建筑环境溶入在大自然广阔的美景之中。

崇宁堡/入口、过厅

根据堡内现有建筑的情况，我们将它分为原有院落和新建建筑区两大类。原有的院落被改造成为生活体验区，其余功能区主要集中在新建区域内。为了方便游客的接待、管理的服务流线，我们在堡门入口处及城堡中心分别设置过厅一和过厅二两个接待区，运用网络式管理，更方便地接待由各个入口进入古堡以及堡内的客人。

崇宁堡入口效果图

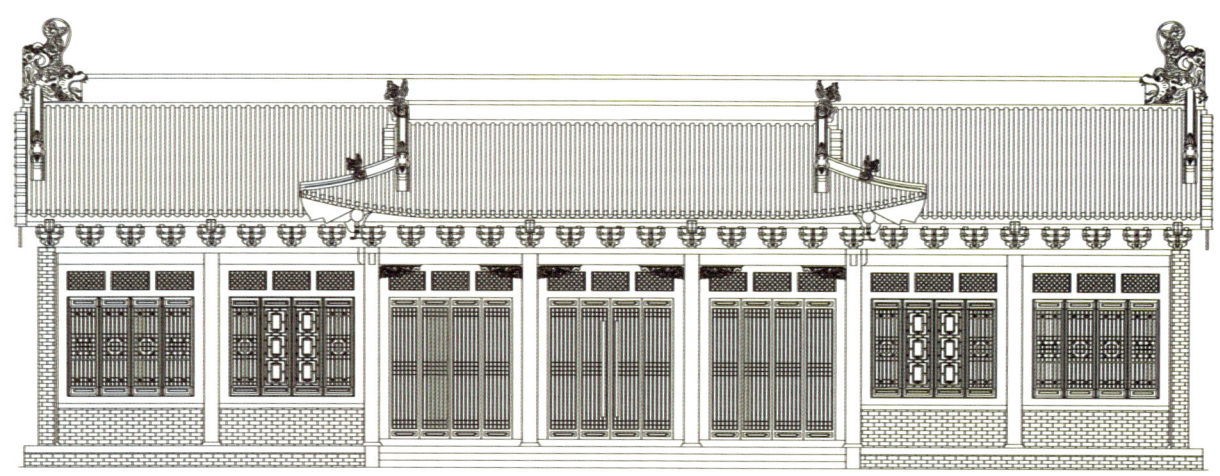

崇宁堡过厅一正立面图

崇宁堡过厅一效果图

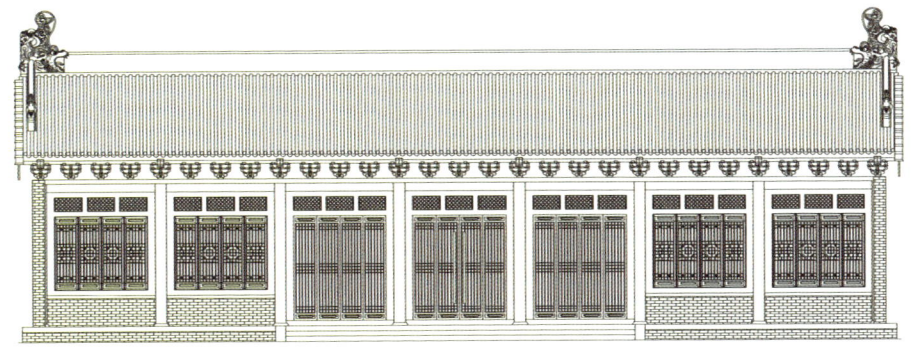

崇宁堡过厅一背立面图　　　　崇宁堡过厅一剖面图

崇宁堡过厅二

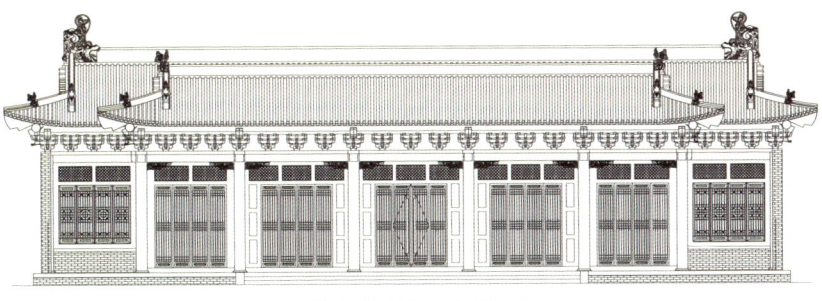

崇宁堡过厅二正立面图

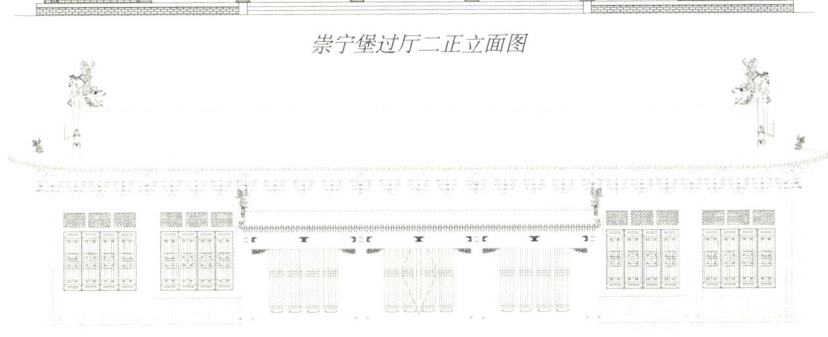 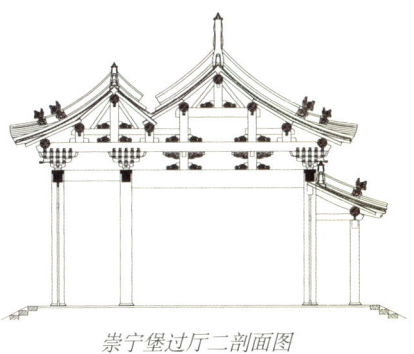

崇宁堡过厅二背立面图　　　　崇宁堡过厅二剖面图

崇宁堡/主体楼

由于主体内部功能复杂，建筑受地形的限制较大，因此，设计上充分利用地形的高差，注重功能的紧凑性、合理性。将具有温泉、洗浴、游泳的水区与会议和餐饮区进行合理的空间组织划分，使各区域都具备自己的独立性。位于轴线正门的接待大厅主要接待水区的客人。接待处使男女客人分流，经过更衣室由楼梯和通道可分别到达男女浴区和温泉区。当多功能会议厅在具有演艺功能的期间里，客人还可以经过通道直接到达多功能厅观看表演。温泉区内部楼梯贯穿地上地下三层，形成内部的功能互通，同时一部防火楼梯也贯穿温泉区可直达室外。温泉洗浴的配套房位于后三层综合楼，由地下通道与温泉区相连。通过电梯客人可以在不经过室外的情况下到达洗浴配套房和客房，使两部分功能达到互通。

崇宁堡主体楼效果图

宴会区位于建筑主体东侧的一层，与北墙外水平距离36米厨房处于同一水平位置。就餐时饭菜由地下通道直接送至宴会备餐间，使送餐通道隐蔽、独立，不与其他功能相冲突。大厅同时也设有防火通道，与会议接待口相连。

会议区分两部分，分别位于宴会和洗浴接待的二层。多功能会议厅由于接待人数较多，设置有自己独立的接待入口，位于主体建筑的最东侧，方便人流的集散。会议厅内配合两个防火通道直达室外。位于温泉接待二层的会议厅，可从一层接待大厅进入，由二层的后门与综合楼衔接，方便两边的客人出入。

主体楼一角景观

崇宁堡主体楼方案一

崇宁堡主体楼方案二

主体楼正立面图

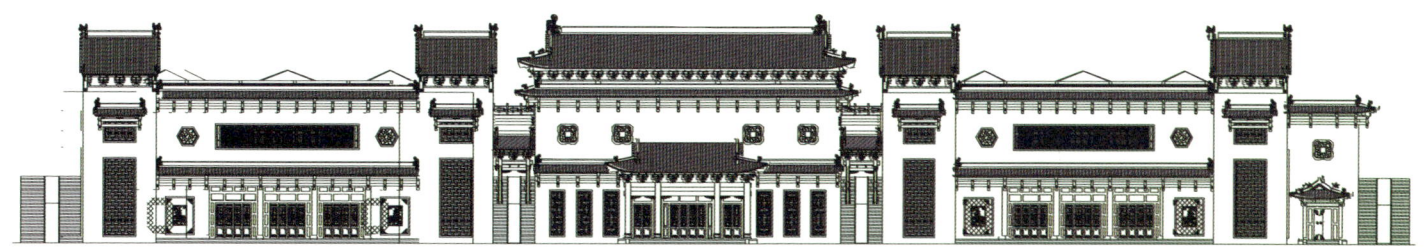

主体楼正立面图

主体楼宴会厅

为满足不同游客的需求，设计上将餐饮区分为宴会、西餐、茶餐以及餐包四个部分，不仅可以满足个体游客的餐饮及休闲的需求，还可以满足团队、会议或喜庆宴席等就餐接待。在面积约5200平方米的餐饮区域中，设计有可同时容纳21桌就餐的宴会厅、64座的西餐厅、14间可享受民俗音乐以及棋牌娱乐的茶餐厅以及18间大小面积不同的餐包，使得餐饮区共可接待522人就餐。

宴会厅效果图

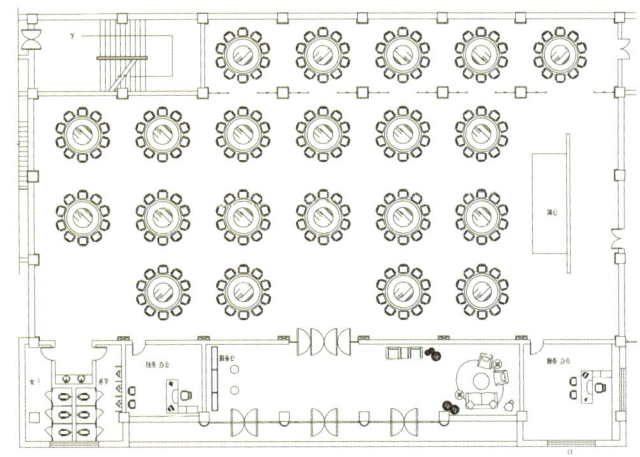

宴会厅平面布置图

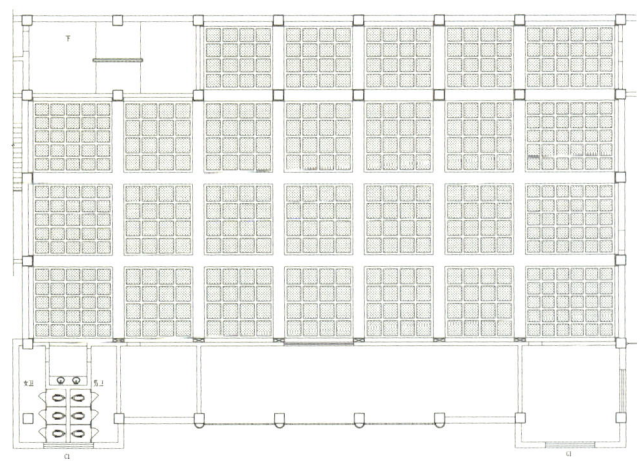

宴会厅顶面布置图

宴会厅是主体楼的重点空间之一，因而在设计中，中式是不可缺少的设计语汇。隔扇、扶手官帽椅等中式元素的使用，成功地装点了整个空间。宴会厅整个气氛端庄并且豪气，非常符合王家大院"民间紫禁城"的称谓。

宴会厅效果图

宴会厅立面图

宴会厅门厅右视效果图

宴会厅门厅左视效果图

主体楼会议区

多功能厅的设计突出恢宏、大气的空间感受。

景区建成后消费群体定位主要以团队、商务会议和政府接待为主。会议是主要的功能区域。在景区中为满足承办会议所需要的大型会议厅及各种功能齐备的会议厅,把主体楼的二层2000平方米的开阔区域划分为整个会议区。其中的多功能会议厅可容纳220人同时开会。其余空间划分为多媒体会议厅、大讲堂和贵宾会议厅三部分。整个会议区共可接待350人,还具备承办大中型演艺活动的功能。

多功能厅效果图

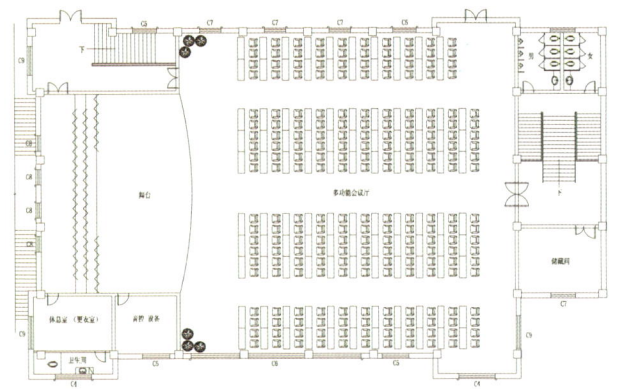

多功能厅平面布置图

多功能厅A立面图

多功能厅C立面图

多功能厅效果图

会议室走廊入口

大会议室效果图

贵宾会议室效果图

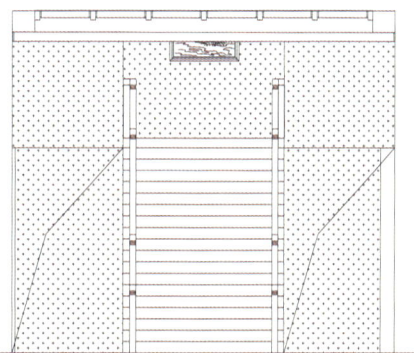
会议室接待厅效果图

会议室接待厅A立面图　　　　会议室接待厅C立面图

主体楼温泉区

利用独特的地理优势，城堡后开发出了宝贵的温泉资源，设计出2600平方米具有休闲、疗养、游泳等功能的配套区域。其中在新建主体A区设计有面积1800多平方米的具有疗养功能的特色池、大型温泉池及游泳池三大块。并配套有6套疗养院，使客人足不出户就可以在气氛优雅、设计别致的院落内享受到温泉和各种服务，使城堡又具有度假疗养的功能。

温泉区接待大厅效果图

接待大厅的设计充满了中式情调。平棋天花、六角宫灯、翘头案、花格窗棂透光背景、青花瓷器摆设等都叙述着空间的中式情怀。作为康体娱乐功能的重要组成部分，温泉区和游泳区的项目设计在主体楼。游泳池的设计突出了宁静、致远的主题，镜面吊顶、干枝背景墙等，都与这个主题相适应。

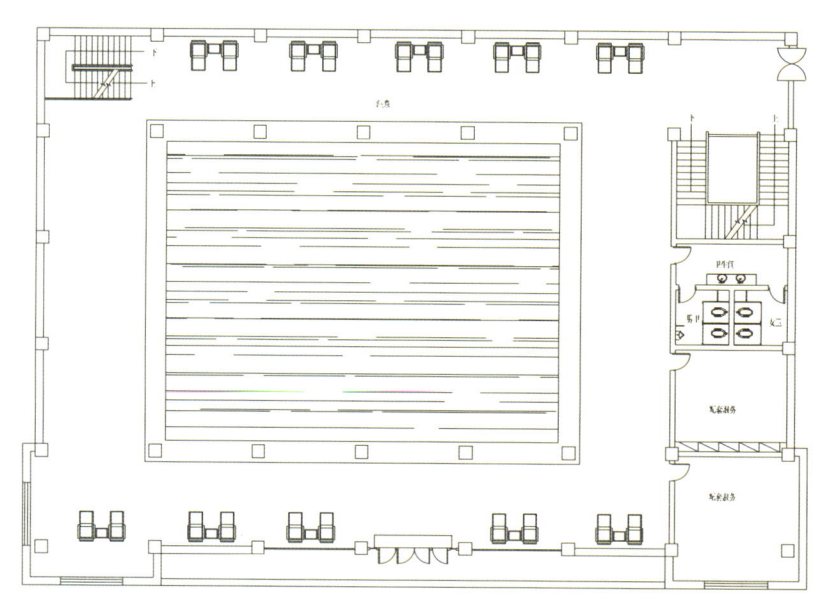

游泳池平面图

温泉具有康体、疗养之功用，因此，在这个空间的设计上不仅仅是中式风格的表现，更多的是突出材料的天然属性，木材、石材、绿植等，以及在风格和天然材料背后，企图留给大家的一种宁静和豁达的感受。

温泉池效果图（一）　　　　　　温泉池效果图（二）

特色温泉池效果图

过道效果图

休息室效果图

入口效果图

浴区效果图

崇宁堡/历史民居院落更新

崇宁堡的接待很大一部分体现在住宿接待上。为了能更多更好地提供住宿的房间，用传统建筑形式在院落的正房上加盖了二层，并增设了温泉池作为一个温泉套房，不仅增加了住宿面积，还提升了房间的品质，使生活体验区主要集中在原有传统院落和仿窑洞建筑中，建筑面积达到1.3万平方米，共有房间156套。其中豪华套房37间，大床房38间，标间25间，民俗客房42间，温泉配套16间。共可接待312人。

旧院落原貌

茶院设计方案

旧院落施工过程

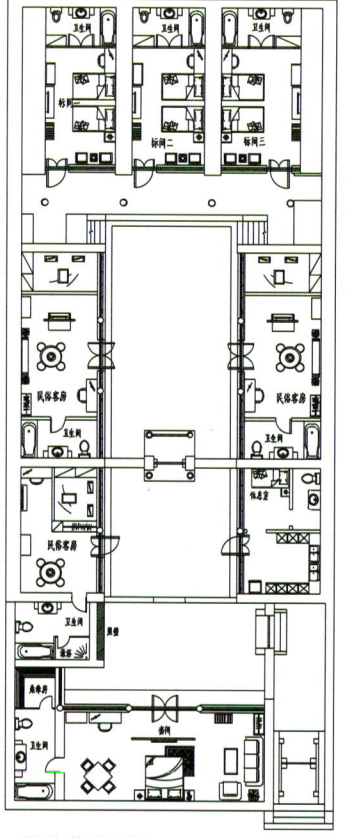

13号院落平面图

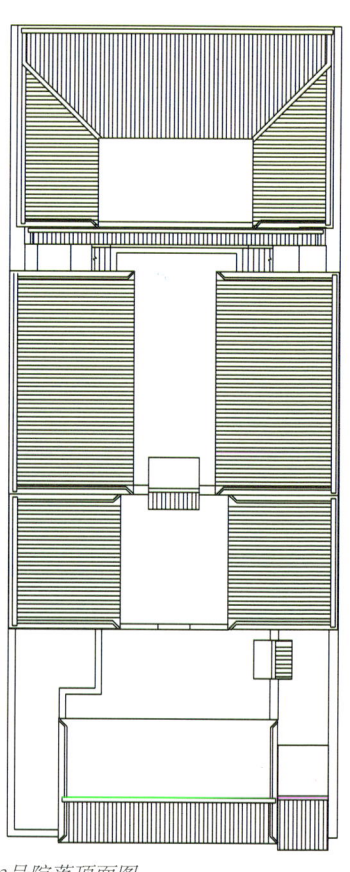

13号院落顶面图

窑洞院落

王家大院地处黄河中游的晋中地区，地理条件、历史文化背景、民俗民习传统以及建筑材料和建筑技艺等属于北方范围。因此，王家大院的民居古建筑，总体为北方风格，尤其突出地表现为晋中地方特色。晋中古民居最大的特色是窑洞。晋中一带善于把青砖青瓦梁柱式木建筑与砖石窑洞式建筑相结合，并布置成院。王家大院的绝大多数院落正是这样的模式，有着以下一些共同之处：(1)单层窑洞外罩柱廊。(2)二层窑楼，底层为窑洞(有外柱廊或无)，上层为梁柱式瓦屋。晋中的砖石窑洞均为每间一孔，一般做三间三孔，个别为五间五孔。门窗随孔做成拱券形，门窗棂格多种多样。(3)为使前后院空间分界明确，有的院落建有垂花门或屏门(包括前垂后屏式)。它们不但满足功能上的使用，同时造型美观，独具一格，多为木雕与彩绘结合，锦上添花。王家大院的垂花门、屏门一能显示自身美，包含丰富的建筑造型及木刻与彩绘；二能造成院落空间的虚实变化，抑扬顿挫的节奏感、韵律美，它们美得恰如其分，在整体环境上毫不喧宾夺主。

王家大院崇宁堡的民居是典型的山西窑洞的居住形式，这种窑洞利用山地而建，前一家的屋顶就是后一家的院子，并且窑洞冬暖夏凉，在崇宁堡历史建筑的改造设计中，充分尊重窑洞的这种属性，并且在外貌上延续了历史风格。在这个项目的设计工作中，更多的是将笔墨放到室内来。改掉了窑洞室内的炕和对现代生活没有功用的灶，一进门是一个小的会客区，圆桌、扶手椅、翘头案等，同样为这个会客区界定了民俗的意味。这里依然使用了传统装饰构件——木隔扇。休息区内的书法装饰、青瓷卷筒、闷户橱等等，再一次为空间增添了些许文人情调。

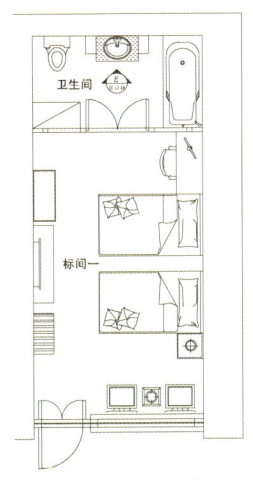

13号院正房标间一平面图　窑洞客房会客区

窑洞室内空间

 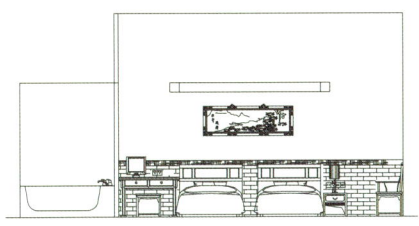

13号院正房一A立面图　13号院正房一B立面图

 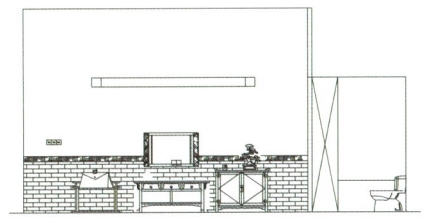

13号院正房一C立面图　13号院正房一D立面图

窑洞室内空间

旧院落原貌

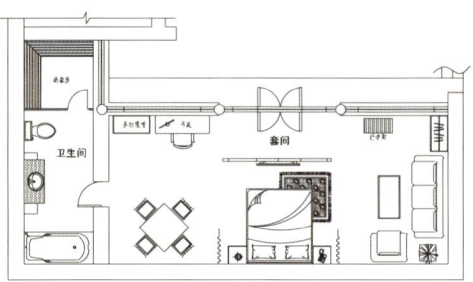

13号院一进院 南房平面图

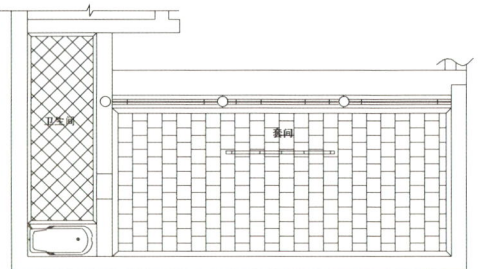

13号院一进院 南房地面图

房间本身的处理不加任何装饰，墙、柱以及没有平棋天花吊顶而是裸露着房屋结构的屋顶，这一切不但没有简陋之意，而更加突出了传统木结构房屋的结构之美。在室内空间中，具有革新意义的是将民居中传统的"炕"替换成我们日常使用的床。设计巧妙之处在于将帷幔、床架、隔扇、玄关完美地糅和为一个整体。将房屋结构原有的横梁之下新加了两个柱子，与建筑本身的梁柱一道形成了床架。同时在新加的两个柱子间增设隔扇，使之与门又形成玄关，对休息区有很好的遮蔽作用。轻纱帷幔、丝质床品、造型床灯又烘托出温婉之美的旋律。

13号院一进院 南房B立面图

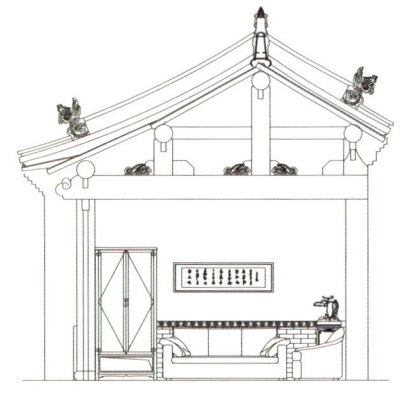

13号院一进院 南房D立面图

崇宁堡施工

传统空间的文化意味

中国传统的室内空间形态是传统文化和实践的产物，它因地制宜，从实用、用材等关系出发，总结出的营造法式有着严谨的美学规律。再由这种空间的错落组合形成的建筑群体，或对称、或呼应，按照风水宜人的理念，形成了传统建筑空间的布局形态。室内空间的形态在这一基础上展开，它与自身的建筑美学规律息息相关。

我们要传承文化、继承遗产，在当代有很多设计值得我们去研究并运用。传统空间的室内设计特别注重建筑本身的结构美学。"梁上透明彻"这样一个美术理念，很少强调去包裹、去吊顶，而是让自身的屋顶、门窗等结构来发挥作用。传统空间特别重视人的心理与建筑室内空间的关系。比如门不对门，要有玄关，所以无论建筑主体布局还是室内空间分隔都讲究含蓄、内敛。

传统空间讲究礼仪主次，按照人的身份划分建筑的主从；按照礼仪秩序划分建筑院落的功能布局。主院、偏院、后院、门庭、中庭、正房、厢房等不同的称谓可以看出礼仪与建筑及室内空间的关系。

在晋中民居中，炕是最有特色的，最有民俗味道的室内设施。在这个民居室内空间的更新中，保留了原来的炕。还是午后的阳光，还是那暖暖的热炕，还是那张炕桌和那套茶具，杯中的茶就是为你而斟，好像就在刚才还在与好友畅谈、叙旧。除了保留下来的炕，还有挂在墙上的石纹条屏也值得一提。条屏再一次将文人情怀加入到民俗中来，可谓是"雅俗共赏"，这与王家大院亦商亦儒亦官的大院文化品位是一脉相承的。

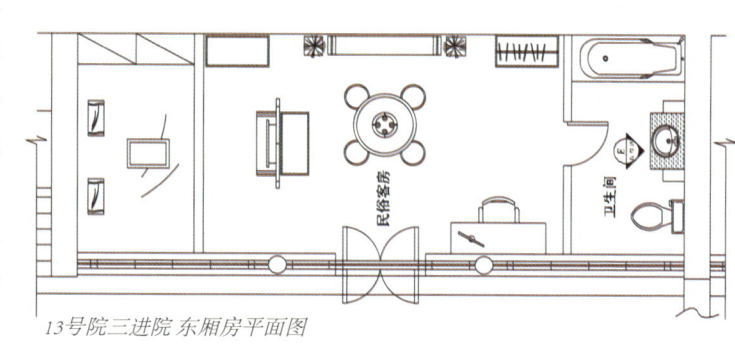

13号院三进院 东厢房平面图

炕

炕，本义干，烘干。它是中国北方住宅里用砖或土坯砌成，上面铺席，下有孔道和烟囱相通，可以烧火取暖的床。

南人住床，北人睡炕，盖因地域气候不同而致生活习惯之不同。南方炎热且潮湿，人住在竹、木床上，上下悬空，利于空气流动，既凉快又不易受潮。北方寒冷，人多在房中置一铺大炕。炕是北方人的"暖床"。尽管现在北方城市楼房中，大部分已没有炕，而只有床了，但床的出现却比炕要早很多。据张国庆在他的《北人尚炕习俗的由来》一文考证，《新唐书高丽传》载："（其人）冬月皆作长炕，下燃温火。"据此断定，高句丽人发明了炕。他进一步说明，在隋、唐之际，生活在冬季寒冷的东北地区的高句丽人，受"床"和"炉灶"的启发，将二者合二为一，又经过改造加工而产生炕，并传至东北各民族之中，后又传至黄河至秦岭以北。实际上中国火炕起源于高丽这种观点是错误的，我国考古发现一处西汉时期的火炕，将火炕的历史提前到了2000多年。

炕的结构远较床复杂，搭法也不尽相同，有花炕和空心炕等。花炕是洞炕的发展，小墙只砌一半高度，上面遍立红砖作支撑，复可以红砖为盖，余法相同。空心炕更为先进，只以红砖垒几个立柱作支撑，上面盖几块大水泥板，余法尽与洞炕和花炕同。说空心炕先进是因为它内部空间很大，不易被烟火灰堵塞炕道，常常搭好一铺炕十年八年不用扒灰。所有的炕都有一个特点，就是一端通向烟囱，一端设有炉灶。

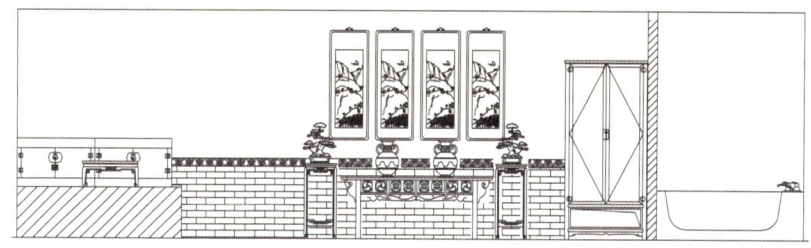

13号院三进院 东厢房B立面图

13号院三进院 东厢房D立面图

崇宁堡/温泉院

温泉院是又一利用温泉资源的康体娱乐空间。在温泉院的入口设计有栓马石和下马石,这是古代专为贵宾所享用的,在今天它是一种文化的象征。步入温泉院的中庭,不同于以往的民居院落,温泉池就设计于此,天棚依然采取玻璃阳光顶棚的形式封闭,这样一来,可以保证使用温泉池的舒适性。在温泉的四周,用灰砖砌筑有齐膝的山西民俗风格的花栏墙,其间有绿植装饰,为庭院空间装点出几分绿意。温泉池的四角分别有柱与阳光顶棚横梁相连,同时将轻纱帷幔依附在这四柱之上,有一种曼妙、轻盈之感,让人甚是放松。

温泉院入口效果图

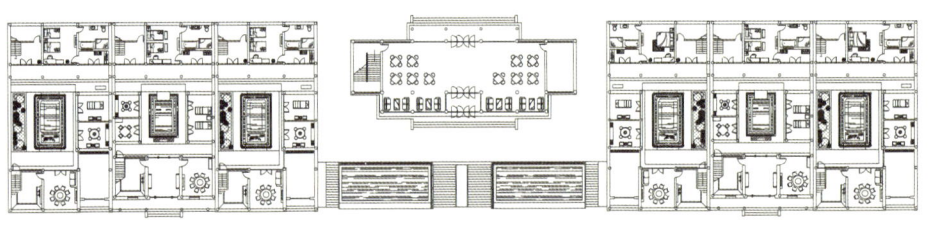

温泉院一层总平面图

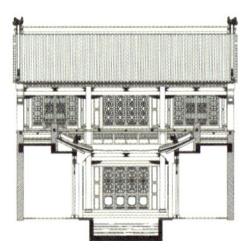

温泉院C立面图

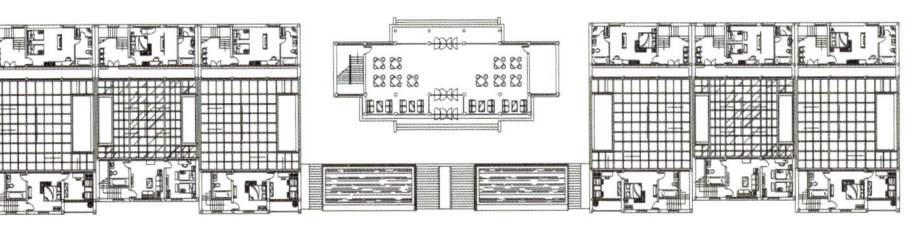

温泉院二层总平面图

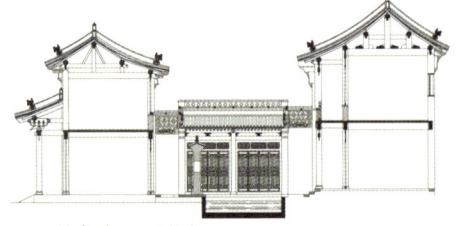

温泉院A立面图

拴马石

拴马石一般出地高度在2米左右，石身多为四方柱或八棱柱体，顶部雕刻狮、猴或人物造像，顶、身之间往往处理为台座和装饰纹样带。桩体相当粗大结实，上下通体用整根石坯凿成，给人一种沉实之美。桩顶雕刻多数为狮形，雄狮头顶鬣毛螺椎突耸，或开口欲吼，或回颈睥睨，雄强劲健；母狮与仔狮往往表现出一种带野性的亲切情趣。桩顶的猴形雕像也多能抓住其典型特征，从静中求得动态，将母猴之宽容、小猴之活泼表现得耐人寻味。然而，最见光彩的，还是拴马石上多种多样的人物造像：那咄咄逼人的武士、乐观豁达的乐手、安详自在的牧人、一派稚气的孩童、饱经风霜的药师、豪放骠悍的猎户，或在沉思、或在入神、或在发威、或在待命，不同年龄、不同职业、不同性格特征和不同瞬间表情的人物形象，在这粗犷的雕塑中，竟被表现得惟妙惟肖。特别值得提出的是在众多的人物造型中，通过对面型、五官特征、服饰、用具等方面的分析，依稀辨认出满、回、蒙等少数民族的不同成员，显示出它深邃动人的社会文化内涵。对拴马石雕刻的研究进一步恢复了中国雕塑史的本来面目，"是我国民族传统雕刻的第三条线"，为总结和建立自己民族雕刻艺术体系提供了宝贵的资料。

下马石

有钱人家的大宅门门前还有两方大石头，这是为骑马官员准备的，称之为下马石。不要小看这两块石头，其作用极大，一是显示主人的等级，二是上下马时真离不开它。因为马是旧时达官显贵代步的主要工具之一，加之清代满、蒙等民族有骑马狩猎的祖习，清代朝廷规定：满洲官员出门，无论文武，均需乘马，以不忘先祖遗风，清官员有"前引"、"后从"的定例，即主人外出时，奴才和仆从也要骑马，前呼后拥地跟随，即使后来主人们乘车、乘轿，仆人也要骑马左右跟随。所以，旧时府第、宅院的门前都在左右有上下马石。石多为汉白玉或大青石，石分两级，第一级高约一尺三寸，第二级高约二尺一寸，宽一尺八寸，长三尺左右。住宅门前有没有上下马石也是宅第等级的一个划分标准

栓马石

温泉院效果图

现代设计永远也离不开功能与美学的相互关系。现代社会的发展，在功能要求上可能升级了，新技术带来了新材料，但它们并不矛盾，而社会越是进步，越是要对传统的文化与遗产更加很好地传承，我们可将两者的关系结合起来，功能置换或是局部材料更新，在不破坏文化遗产的前提下，将现代设计语言和传统语言融会起来。

任何文化与艺术都是不可分割的，而且是相互发展的。传统的室内空间是那个时代的产物，新时代的室内空间有新时代的发展需求，这本身就是文化的发展，而文化的发展需求必然孕育着创新，创新的空间设计就是艺术，这种艺术是有生命的。设计是发展的，空间形态是为人民服务的，人的需求变了，设计就得变，此时形态空间并不能适合永远的空间形态。传统空间运用到现代设计当中，那种宜人的美学意义才是中国传统空间形态的本质。

院落效果图

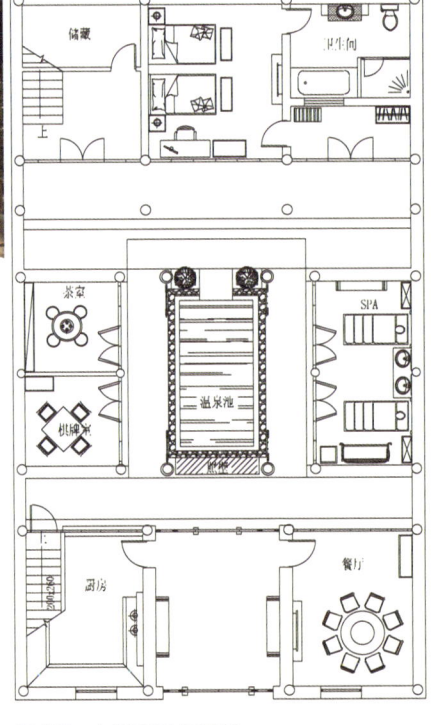
温泉院B户型平面布置图

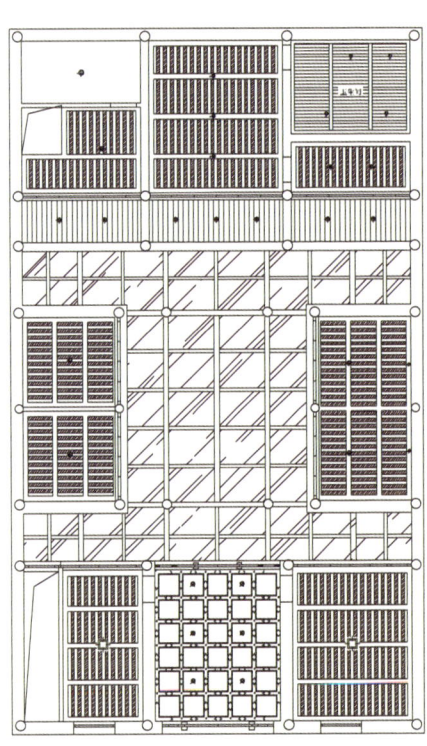
温泉院B户型顶面布置图

客厅效果图

茶室效果图

客厅效果图

棋牌室效果图

聚集"文气"

王家大院民居古建筑具有形神兼备的魅力。这里面凝聚着一定程度的文气，并且这北方古民居大院的文态环境，保护得比较完好。"文气"二字比较抽象，却又似虚而实。在设计过程中随着一次次到访，我对这种"文气"的领悟也越来越深。优秀的民居古建筑是中华文化史库里的宝贵遗产，它们既有基于自然影响而产生的建筑性格和源于民族文化传统与发展而形成的建筑风格，同时还有来自"人的因素"而反映出来的建筑品格。王家大院古建筑的文气，应该说更多是属于建筑品格范畴的。国画大师董寿平先生谈画如其人时说："有什么样的修养，才能画出来什么样的线条，线条包含着画家的生命力。"艺术的道理原本是相通的，所以许多建筑也有"如其人"的品格。200多年间王家大院住着诺大的一个家族，虽然没有万卷藏书楼，也不能同"东园翰墨西府图书"鸿儒之士的门第相比，可是它毕竟可以反映出一定的士儒之气。即使家道兴衰变化，只要大院古建筑保存完好，文气的影子就不会完全消失。"诗礼传家"的匾至今仍挂在王家的东堡院，院内环境清静幽雅，文化气息浓厚。

建筑本属人造的物境，但是由于景以情合，这种物境往往能够产生情境，所谓托物寄情，见景生情。王家大院不仅如此，它的物境与情境甚至可以升华到同自然或历史文化的亲和、渗透，进而产生意境，引人遐想。若干兼具历史、艺术、科学价值的文化品位高的古建筑，仔细思辩就可能领悟它在物境与情境之外的意境。

卧室效果图

正房卧室效果图

SPA房效果图

　　温泉院的spa水疗房的设计展现了一种对自然的向往，有几分禅宗的哲学之意。中间的洗面台底座配的是镶嵌有金属合页、金属锁件的中式风格柜子，带给大家浓郁的中式风格。按摩床及其背景墙的设计是空间中的重点。按摩床的背景墙通高设计，上面装饰有木条，通过这种自然的肌理反映着向往自然的心态。

SPA房效果图

崇宁堡/综合楼

综合楼由餐包、洗浴配套及住宿房间组成。由于原有结构和布局与现需功能不能匹配,所以综合楼中断需拆除后重新设计,从而达到功能所需的接待及地下洗浴通道的需求。接待厅设计步梯和电梯两种竖向通道,贯穿三层,方便客人的使用。大厅的隐蔽处设有与办公生活区相连的唯一通道,也方便酒店人员的管理。餐包由厨房经过独立的送菜通道传至各包房的备餐间,各层的两端也分别设有防火通道,通向建筑外部。三层顶端的真武庙位于中轴线的末端,是城堡的最高处,可以一览城堡的整个风貌。

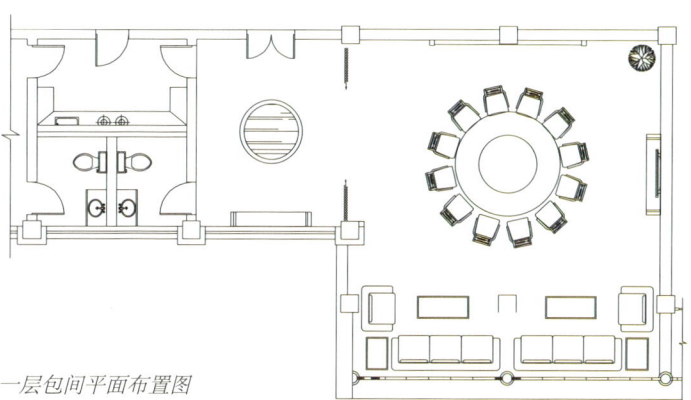

一层包间平面布置图

　　王家大院崇宁堡历史民居改造与旅游开发设计对我和我的设计团队来说是一个富有挑战性的命题，因为这项工作不仅意味着要探究王家大院崇宁堡历史，而且要在其历史环境中注入新的生命，让这历经几百年风雨的建筑，在新的时代中焕发新的光彩。对历史建筑和传统文化的尊重是设计的基础，历史建筑的再生是设计的本质。建筑是有生命的，历史建筑可以在新的文化形式下演绎历史，在新的文化形式下传承优秀的传统文化。

　　从建筑的角度谈文化，不仅仅是简单地对历史建筑的修缮，而是要运用建筑美学理论的分析与研究，让改造和重生后的历史建筑与周边环境互相衬托，同时赋予新时代的文化形式。历史建筑被赋予新的功能，不断地运转。通过对历史建筑新的使用方式，从而产生新的生活方式和新的文化形式，这才能够使历史建筑的时空得以延续，这才能使我们进入关于时间与空间的探讨。历史建筑的再生，其实是一次对建筑形象与环境艺术在设计上的尝试，是对多元品质(观念、生活、技艺、审美等)和多层面知识(建筑、环境、社会、经济、文化、历史等)

的一次检验，最终是一种新的文化形式的设计和尝试。因此，对历史建筑的空间再生，必须慎重分析文化和功用与需求的关系，尊重历史，把握未来，让历史建筑保留人类的文化记忆。通过历史建筑空间和文化形式的更新，让历史建筑为传承优秀的文化传统服务。

作为传统文化的守望者，实际上我们不能容忍把传统文化随便篡改。设计，要尊重文脉，要有文化传承，建筑形式一定要和本土文化结合起来。建筑中一些传统的文化符号不能去掉，如古代的彩绘，木材沧桑的色调。实际上是什么样的建筑，采用什么样的方法，必须对症下药，不能用一个模式去套用，根据建筑的形式和功能，再用具体方法去解决，不可能一种方法放之四海而皆准。作为中国传统文化继承者的我们，一定要用心对待老祖宗留给我们的东西。

新与旧的共生，守望传统，放眼时代，让历史建筑找到了新生的可能性，王家大院崇宁堡历史空间就是通过设计，融合新文化的需求，开创了崭新的生命价值。让这些历史建筑真正地为当代社会生活和文化需求服务，使历史建筑以新的文化形式回归到人们的日常生活中。

参考文献

1. 阮仪三.历史文化名城保护理论与规划[M].上海同济大学出版社，2003
2. 周毅.城市现代化与文化生活转型[J].广东技术师范学院学报，2003(2)
3. 官建军.室内设计中色彩的运用原则[J].文教资料，2006(4)
4. 吴丽佳.浅谈历史街区旧建筑改造的建筑技术[J].重庆建筑大学学报，2004(7)
5. 卫大可，卫纪德.精心改造再现生机——一般性旧建筑改造的探索与实践[J].工业建筑，2006(5)
6. 黄荣荣，刘溪.旧建筑改造的审美转型[J].山西建筑，2007(6)
7. 张学勇，李桂文.城市发展中历史建筑改造规划与设计[J].黑龙江科技学院学报，2009(3)
8. 杨有广.城市旧建筑改造利用的探讨[J].四川建筑科学研究，2008(8)
9. 伍江，陈侠.当前社会背景下上海历史建筑保护与改造策略[J].山西建筑，2007(8)
10. 朱蝶，俞静.从上海外滩建筑改造更新看历史街区的生命力再造[J].时代建筑，2006(2)
11. 林承阳.传统与科技接轨——历史建筑数字化保护改造再利用研究[J].数字建筑实验，2009(3)
12. 乔峰，崔文.地域文化视野下的都城民居——洛阳十字街人文色彩的保护与更新[J].重庆建筑大学学报，2008(8)
13. 郑潇.改造、扩展与共生——浅议历史建筑的更新与发展及新旧建筑的共生[J].规划师，2008(7)
14. 姜秋实.哈尔滨历史性建筑的保护思路——由若干面临危机的历史建筑谈如何保护历史建筑[J].历史建筑的保护与利用，2009(7)
15. 王建国，蒋楠.后工业时代中国产业类历史建筑遗产保护性再利用[J].建筑学报 2006(8)
16. 杨立彬.旧建筑改造与再利用案例的分析[J].山西建筑，2009(7)
17. 刘少瑜，杨峰.可持续发展视野下的历史建筑遗产改造策略[J].新建筑，2009(2)
18. 吴丽佳.浅谈历史街区旧建筑改造的建筑技术[J].重庆建筑大学学报，2004(7)
19. 赵俊.历史建筑改造成精品酒店在上海的实践[J].今日财富，2008(12)
20. 李乔.丽江古城民居的保护性改造[J].吉林艺术学院学报，2008(4)
21. 初妍.浅谈建筑符号学在旧建筑改造中的应用方法[J].中国水运，2007(2)
22. 霍博，尚晓茜.武汉近代历史建筑保护与改造策略研究[J].华中科技大学学报，2006(4)
23. 丁尚，郭榕榕.再生空间的当代阅读——浅议旧建筑改造[J].山东林业科，2009(4)
24. 朱小平，朱彤.中国建筑与装饰艺术[M].天津人民美术出版社，2003
25. 王其钧.中国建筑图解词典[M].北京机械工业出版社，2008
26. 楼庆西.千门万户[M].北京三联书店，2006
27. 何俊寿，王仲杰.中国建筑彩画图集[M].天津大学出版社，2006
28. 李欣.中国古建筑门饰艺术[M].天津大学出版社，2006
29. 王其钧.图说民居[M].北京中国建筑工业出版社，2004
30. 孙景浩，孙德元.中国民居风水[M].上海三联书店，2005
31. 锅建国，田勇.传统简述装修[M].北京中国建筑工业出版社，2006
32. 庄峪光，胡石.中国古代建筑装饰修[M].南京江苏美术出版社，2007
33. 任军.文化视野下的中国传统庭院[M].天津大学出版社，2005
34. 谢玉明.中国传统建筑细部设计[M].北京中国建筑工业出版社，2001
35. 马炳坚.北京四合院建筑[M].天津大学出版社，1999

36. 潘谷西，何建中."营造法式"解读[M].南京东南大学出版社，2005
37. 张成德.丁村——明清民居及其文化[M].山西人民出版社，2000
38. 张成德.晋商宅院——渠家[M].山西人民出版社，1997
39. 张成德.晋商宅院——乔家[M].山西人民出版社，1997
40. 张成德.晋商宅院——王家[M].山西人民出版社，1997
41. 宋昆.平遥古城与民居[M].天津大学出版社，2000
42. 苏华.细说平遥[M].山西古籍出版社，2004
43. 张道一，唐家路.中国古代建筑砖雕[M].江苏美术出版社，2006
44. 王建华.三晋古建筑装饰图集[M].上海文艺出版社，2005
45. 张道一.古代建筑雕刻纹饰——草木花卉[M].江苏美术出版社，2007
46. 张道一.古代建筑雕刻纹饰——寓意吉祥[M].江苏美术出版社，2007
47. 张道一.古代建筑雕刻纹饰——山水景观[M].江苏美术出版社，2007
48. 张道一.古代建筑雕刻纹饰——珍禽异兽[M].江苏美术出版社，2007
49. 张道一.古代建筑雕刻纹饰——戏文人物[M].江苏美术出版社，2007
50. 张道一.古代建筑雕刻纹饰——龙凤麒麟[M].江苏美术出版社，2007
51. 草千里.明清家具[M].浙江大学出版社，2004
52. 孔宪信.山西古典家具[M].山西人民出版社，2006
53. 张家骥.中国建筑论[M].山西人民出版社，2003
54. 田玉川.正说明清第一商帮——晋商[M].中国工人出版社，2007
55. (美)J·柯里·欧文.西方古建古迹保护理念与实践[M].北京.中国电力出版社，2005
56. 单霁翔.城市文化发展与文化遗产保护[M].天津大学出版社，2006
57. 阮仪山，刘浩.姑苏新续——苏州古城的保护与更新[M].中国建筑工业出版社，2005
58. 郑孝.留住我国建筑文化的记忆[M].中国建筑工业出版社，2007
59. 周俭.在城市上建造城市[M].中国建筑工业出版社，2003